W0392015

Schöneberg
im Wandel der Geschichte

**„Es war in Schöneberg
im Monat Mai ..."**

Christian Simon

Schöneberg im Wandel der Geschichte

„Es war in Schöneberg im Monat Mai …"

be.bra verlag
berlin.brandenburg

Die Deutsche Bibliothek - CIP-Einheitsaufnahme

Simon, Christian:
Schöneberg im Wandel der Geschichte : „Es war in Schöneberg im Monat Mai ...“ / Christian Simon. - Berlin : be.bra-Verl., 1998
ISBN 3-930863-37-5

© be.bra verlag GmbH
Berlin-Brandenburg 1998
Zehdenicker Straße 1, 10119 Berlin
Lektorat: Hermine Adolph
Umschlag, Satz und Gestaltung: design network, Berlin
Gesetzt in der Stone Serif, 9,3 auf 12 Punkt
Lithos: insign, berlin
Druck und Bindung: Meraner Reprostudio, Meran/Italien
ISBN 3-930863-37-5

Inhalt

Vorwort

„Es war in Schöneberg..."
Walter Kollo, 1913

Wohl nur wenige Berliner Bezirke haben eine so bewegte Geschichte wie Schöneberg. Da wurde dem alten Dorf eine Kolonie von „Ausländern" angefügt, da brannte das gesamte Dorf ab. Da verleibte sich Berlin die Hälfte der Fläche ein – und 60 Jahre später den Rest –, da wurden große Gerichtsgebäude, Theater (Scala) , Kaufhäuser (KaDeWe) und der Sportpalast gebaut. Hier wurde schließlich der „totale Krieg" verkündet, in dem Schöneberg brennend unterging. Die Trümmer wurden beiseite geräumt und zum Insulaner aufgetürmt. Der RIAS sendete vom Hans-Rosenthal-Platz, und vom Schöneberger Rathaus tönt jeden Mittag um 12 Uhr die Freiheitsglocke.
Während in fünfstöckigen Mietskasernen Arbeiter hausten, logierten im noblen Bayerischen Viertel und in der Landhauskolonie Friedenau Wissenschaftler, Künstler und Politiker. Dabei liest sich die Liste derer, die in Schöneberg geboren oder begraben sind, hier gewohnt und gearbeitet haben, wie ein „Who's who" – von „A" wie Heinrich Albertz bis „Z" wie Carl Zuckmayer. Hier lebten Nobelpreisträger wie Albert Einstein, Politiker wie Theodor Heuss oder Schauspielerinnen wie Hildegard Knef und Marlene Dietrich, die übrigens in derselben Straße geboren wurden.
Kurioses hat sich ereignet. Kühe wurden statt auf der Weide in Kellern und Höfen gehalten, ein Grab geöffnet, in dem man ein Pferd vermutete, eine alliierte Gesamtdeutsche Regierung residierte im Kammergericht, regierte aber nicht. Und schließlich gibt es einen Straßenabschnitt mit zwei Straßennamen.
Obwohl das Buch chronologisch vorgeht, lassen sich Sprünge in der Zeit nicht vermeiden, da etliche Entwicklungen parallel verliefen oder thematische Zusammenhänge dies erfordern. Um die Orientierung bei Ortsangaben zu erleichtern, habe ich die heutigen Straßennamen verwendet.

Christian Simon
Berlin-Südende,
im März 1998

Vorgeschichte

Schöneberg im wurde im 13. Jahrhundert erstmals schriftlich erwähnt, doch Ausgrabungen verweisen auf eine sehr viel ältere Geschichte. So gab es direkt dort, wo später das alte Dorf Schöneberg entstand, im 1. – 3. Jahrhundert n. Chr. bereits ein Dorf der Semnonen, einem Germanenstamm. Seine Überreste wurden 1936 und 1956/1958 in der Hauptstraße ausgegraben. Die Siedlung ließ sich durch acht Herdstellen und eine Reihe von Pfostenlöchern nachweisen, die auf Hausgrundrisse schließen lassen. Ein sogenanntes germanisches Langhaus trat unter einer abgerissenen Scheune in der Hauptstraße 40 zutage, es wurden zahlreiche Funde von Opfergaben und Gebrauchsgegenständen gemacht. Darunter war auch das sogenannte „Schöneberger Rind", eine mit Zink legierte Bronzefigur. Sie befindet sich heute im Museum für Vor- und Frühgeschichte und ist in einer Dauerausstellung zu sehen. Unweit der Fundstelle, im Schöneberger Heimatmuseum in der Hauptstraße 42, steht eine Kopie. Weitere Scherbenfunde weisen auf eine slawische Siedlung aus dem 9. Jahrhundert hin.
Schöneberg wurde im Rahmen der deutschen Besiedelung von Westen her (Ostkolonisation) vermutlich zwischen 1220 und 1250 als Straßenangerdorf neu gegründet. Ausschlaggebend für die Wahl des Ortes dürften die Lage an einer Handelsstraße und der Hang am Urstromtal gewesen sein, dessen Verlauf man sich in etwa zwischen dem heutigen Kaiser-Wilhelm-Platz und dem Kleistpark vorstellen kann. Die erste Urkunde, die Schöneberg („villa sconenberch") namentlich erwähnt, stammt vom 3. November 1264. In ihr schenkt Markgraf Otto III. dem Spandauer Benediktinerinnen-Kloster fünf Hufen Schöneberger Land. Der Name des Dorfes geht auf ein altes askanisches Herrschergeschlecht zurück („Sconenberch", eventuell aus der Altmark stammend), oder er bedeutet einfach „schöner Berg" – vielleicht der Hügel, auf dem die alte Dorfkirche an der Hauptstraße liegt.
Im Landbuch Kaiser Karls IV. von 1375 wird die Zahl der in Schöneberg ansässigen Großbauern nicht genannt, aber es sind dreizehn Kossäten (Kleinbauern) verzeichnet. Die zu entrichtenden Abgaben, die in dem Buch vermerkt wurden, gingen an Bürger, Geistliche und Patrizier in Berlin und an das erwähnte Kloster in Spandau.
Die Schöneberger Bauern unterschieden zu damaliger Zeit zwischen dem Ober- und dem Niederland. Die Niederungsländereien reichten von der heutigen Grunewaldstraße bis zur Spree; das Hansaviertel im

Bezirk Tiergarten entstand auf den sogenannten „Schöneberger Wiesen“. Zwar war dieses Land mit seinem hohen Mooranteil äußerst fruchtbar, doch schränkten häufige Überschwemmungen des Schafgrabens (heute Landwehrkanal) die Nutzung ein. Nach der Regulierung des Kanals 1845–50 wurden weite Flächen urbar gemacht, doch begann zwei bis drei Jahrzehnte später bereits der Bau von Mietskasernen. Das Oberland lag auf der Teltower Grundmoränenplatte und reichte etwa bis zum heutigen Kaiser-Wilhelm-Platz. Hier ist noch heute der Abfall zum Niederungsland, dem Spreetal, deutlich zu erkennen. Vergleicht man aber die sanft gestreckte Neigung der Hauptstraße mit den unbebauten, steilen Abhängen zum Urstromtal z. B. am Kreuzberg, wird deutlich, wie stark diese Geländekante offensichtlich verflacht und gestreckt worden ist.

Auf dem Oberland lagen magere Ackerflächen, stellenweise gab es etwas Wald, geeignet für die Schweinemast mit Buchen und Eicheln. Die Bauern hatten immer wieder mit Flugsand zu kämpfen. In diese Grundmoränenplatte waren, ein Überrest der letzten Eiszeit, zahlreiche Tümpel eingelagert, entstanden durch strudelndes Schmelzwasser. Viele wurden zugeschüttet oder sind verlandet. Die einzige Wasserstelle auf der ganzen Friedenauer Feldflur war so ein Schmelzwasser-Tümpel. Er lag etwa an der Wilhelmshöher Straße 18/Ecke Rheingaustraße: „Pie-

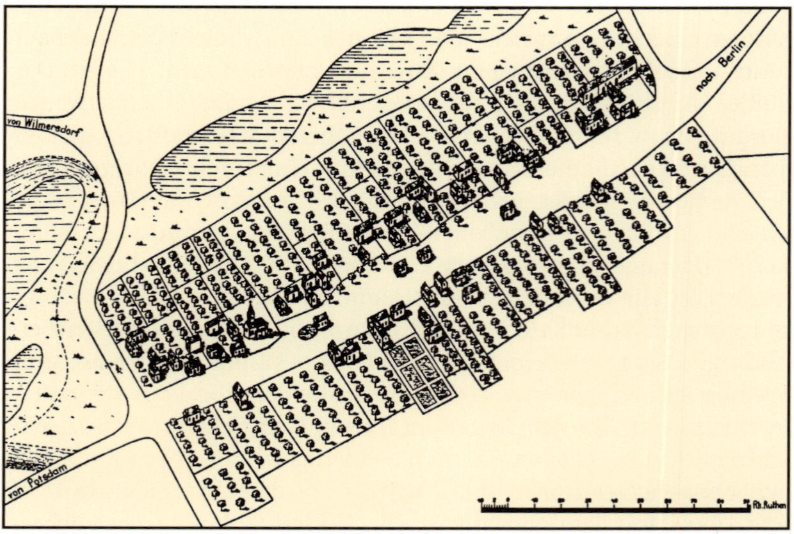

Plan des Dorfes Sconenberch von 1685

lert's Pfuhl", auch „Püdderingspfuhl" genannt und von der Jugend im Sommer zum Baden und im Winter zum Schlittschuhlaufen genutzt. Um 1900 schüttete man ihn im Zuge fortschreitender Bebauung zu.
Ein anderer Teich ist erhalten geblieben, die sogenannte „Blanke Helle" (Blanke Hölle). Er ist heute in den Alboinplatz eingebettet, dessen Fertigstellung auf das Jahr 1912 zurückgeht. Das dortige Denkmal des Auerochsen stammt aus dem Jahr 1937, es erinnert an die Tierwelt zu Zeiten der Entstehung der „Blanken Helle".
Kleine Gräben und Rinnen auf Grundmoränenplatten sind Schmelzwasserbahnen, die am Ende der letzten Eiszeit entstanden. Nordwestlich des Dorfes verlief eine solche Rinne, der sogenannte „Schwarze Graben". Bis 1880 noch leitete man die Abwässer hinein, bevor eine Tonrohrleitung nach Charlottenburg gebaut wurde. Der Graben, 1887 zugeschüttet, traf – früher etwa im Bereich der Gleditschstraße verlaufend – am Winterfeldtplatz auf den Hauptgraben, der in Charlottenburg in Höhe der Schloßbrücke in die Spree entwässert wurde. Die westliche Verlängerung bilden der Rudolph-Wilde-Park und der sich anschließende Volkspark Wilmersdorf; sie wurden in dieser natürlichen Rinne angelegt, die heute teilweise als Regenwassersammelbecken dient. Im Westen findet die Senke an der Königsallee Anschluß an die Grunewaldseenkette.
Ein solche Schmelzwasserrinne ist noch heute stellenweise durch den Kirchhof an der Dorfkirche und den danebenliegenden Lassenpark markiert. Diese Moorerde auf Sand ist ein äußerst problematischer Baugrund, wie sich am Beispiel des Hauses Belziger Straße 53 c zeigt. Das 1908 errichtete Haus sackte kontinuierlich ab, so daß sich bald große Risse zeigten. 1994/95 wurde das einsturzgefährdete Haus geräumt; es soll abgerissen werden. Bis zu einer Tiefe von acht Metern ist auf dem moorigen Untergrund kaum eine tragfähige Gründung möglich.
1506 kaufte Kurfürst Joachim I. das Dorf Schöneberg und unterstellte es der Verwaltung des Amtes Mühlenhof in Berlin. Schon seit 1489 und 1497 hatte der Landesherr Teile von Schöneberg besessen. Ab 1506 unterstand es direkt dem Kurfürsten, später dem König. Statt eines Gutshofes gab es ein landesherrliches Vorwerk, einem Gutshof vergleichbar, auf dem die Bauern Arbeitsdienste und Abgaben leisteten. Schöneberg war an der bedeutenden Handelsstraße von Aachen nach Königsberg gelegen. Nicht nur Kaufleute nutzten diese Straße, auch bewaffnete Truppen. Im Dreißigjährigen Krieg wurde das Dorf verwüstetet. Der Landreiter, eine Art „Volkszähler", weiß 1652 zu berichten, daß von sechs Bauern nur zwei „alhier bürtig" sind. Vier

Das Dorf Schöneberg, kolorisierter Kupferstich von J. F. Henning

„wüst gefallene" Hofstellen mußten von zugezogenen Bauern übernommen werden.
Im Jahre 1685 wurde die erste Karte von Schöneberg angefertigt. Auf ihr sind bereits noch namenlose Straßen zu erkennen, so zum Beispiel die Hauptstraße. Darüber hinaus gab es bereits die heutige Dominicusstraße (nach Tempelhof) und die Badensche- und Grunewaldstraße nach Wilmersdorf. Erste Ortsstraße war die heutige Akazienstraße.
Die Karte von 1685, der etliches zur Bebauung Schönebergs zu entnehmen ist, ist das einzige überlieferte Dokument aus jener Zeit. 1760 brannte Schöneberg ab, und andere Unterlagen existieren nicht. Die Dorfkirche stand damals schon an derselben Stelle wie der heutige Bau, der Dorfteich lag mitten auf der Dorfaue, in Höhe des späteren Prälaten. Vier Gebäude standen auf der Dorfaue. Die Parzellen, die sich beiderseits der Hauptstraße erstreckten, waren unregelmäßig geformt und verschieden breit und tief, aber nicht alle bebaut.

Schöneberg im 18. und 19. Jahrhundert

Die böhmische Kolonie

Mitte des 18. Jahrhunderts kam es in Preußen zu einer großen Einwanderungswelle. Friedrich der Große wollte aus dem rückständigen Agrarland einen modernen Staat machen, dazu benötigte er Handwerker und Fachleute mit besonderen Fähigkeiten aus dem Ausland. Diese ließen sich in völlig neuen Ortschaften nieder (wie z. B. Moabit) oder, wie in Schöneberg, in unmittelbarer Nähe eines bestehenden Ortes. In jedem Fall wurden die Kolonisten separat vom alten Dorf angesiedelt, wovon sich der Alte Fritz ein förderliches Konkurrenzverhalten versprach. So wurden 1750 unter Leitung von General von Retzow 20 Doppelhäuser für 20 böhmische Weber-Familien beiderseits der Straße Potsdam – Berlin errichtet. Die neue Siedlung lag am Abhang des Teltow, zwischen altem Dorf und kurfürstlichem Garten (zwischen Kaiser-Wilhelm–Platz und Grunewaldstraße). Das letzte Siedlerhaus der böhmischen Kolonie an der Hauptstraße 17 wurde 1973 abgerissen.
Rohmaterial zum Weben lieferten Seidenraupen, die als Futter die Blätter der Maulbeerbäume bevorzugten. So entstanden überall in Preußen Maulbeerbaumplantagen, in Schöneberg unter anderem an der Schafbrücke (Landwehrkanal) und sogar auf dem Kirchhof im Dorf. Die böhmischen Weber und Spinner, die sich bei Schöneberg niederließen, waren keine selbständigen Handwerker wie in Rixdorf, sondern als Textilarbeiter in Berlin beschäftigt.
Friedrich der Große wollte Preußen durch die Förderung der Maulbeerbaum- und Seidenraupenzucht von teuren ausländischen Rohstoffen unabhängig machen. Doch die Kultivierung der Maulbeerbäume gestaltete sich schwieriger als erwartet, und auch die Seidenraupenzucht war nicht sonderlich erfolgreich. So mußten sich die Siedler bald anderen Beschäftigungen zuwenden, um ihren Lebensunterhalt zu bestreiten. Es entstanden Handwerksbetriebe, Gärtnereien und Gastwirtschaften. 1850 gab es in Neu-Schöneberg nur noch einen Weber, 1890 mußte der gesamte Produktionszweig völlig aufgegeben werden. Der Grund war eine europaweite Raupenkrankheit, die alle Zuchten vernichtete.
Der älteste noch erhaltene Gebäudekomplex der böhmischen Kolonie aus dem 18. Jahrhundert ist das ehemalige „Maison de Santé“ in der Hauptstraße 14–16. Ursprünglich stand hier die Gaststätte „Zum

Das „Maison de Santé" an der Hauptstraße, um 1885

Helm". Das Lokal gehörte dem Juristen Giehrach, dessen Tochter den Sanitätsrat und Reformpsychiater Dr. Eduard Levinstein heiratete. Der Arzt, der 1860 zunächst nur eine medizinische Badeanstalt einrichtete, kaufte 1862 das Nachbargrundstück Hauptstraße 15 und gründete 1866 eine Art Nervenheilanstalt mit 60 Plätzen für betuchte Privatpatienten, in der er für die damalige Zeit fortschrittliche Behandlungsmethoden anwandte. Im Zuge der Um- und Erweiterungsbauten errichtete man 1867 eine Kapelle sowie einen Wirtschaftstrakt mit Kessel- und Waschhaus, Schornstein und Verwaltergebäude. 1919 wurde das Haus, das im Ersten Weltkrieg als Reservelazarett genutzt wurde, geschlossen. Patienten und auch Personal wurden von der Karl-Bonhoeffer-Klinik übernommen. Die Belziger Straße wurde um den hinteren Grundstücksteil verlängert. Der Rest des Geländes gelangte 1928 in den Besitz der Karstadt AG. Als sich abzeichnete, daß sich die Errichtung von Verkaufsräumen nicht realisieren ließ, wurde das Grundstück in den fünfziger Jahren wieder verkauft. Der Hof des „Mäsong", wie die Schöneberger sagten, ist heute ein Parkplatz für den benachbarten Supermarkt. Gegenüber den Betriebsgebäuden steht noch eine alte Remise, wohl Pferde- und Wagenstall mit darüberliegender Kutscherwohnung. Die roten Backsteinziegeln der Remise tragen einen Aufdruck der Firma, die sie lieferte: Barnewitz, Rathenow.

Kriege und Brandstifter

Mit dem Einmarsch der preußischen Truppen in Sachsen begann 1756 der Siebenjährige Krieg, an dem schließlich alle europäischen Großmächte beteiligt waren. Im Jahre 1760 standen die Russen in der Mark Brandenburg und zogen auch nach Schöneberg. Der Augenzeugenbericht des Dorfschulzen Rosenkessel datiert vom 15. Oktober 1760. Darin heißt es:

„Nachdem die Avantgarde schon bei Schöneberg vorbei passiert gewesen, hätte Comparent zuerst das Feuer bei dem Kruge aufgehen sehen, wo die Russen seiner Vermutung nach den daran gelegenen Kossätenhof zuerst angesteckt hätten. Von da wären die Kosaken mit brennendem Stroh zu den anderen Häusern gegangen und hätten das Dorf an vielen Orten zugleich angesteckt. (...) Von dem ganzen Dorfe wäre weiter nichts als die Schmiede und das Müllerhaus stehen geblieben."[1]

Die Russen hatten nahezu das gesamte Dorf, das fast ausschließlich aus Lehmhäusern bestand, am 7. Oktober 1760 niedergebrannt. Nur die Schmiede auf der Dorfaue (1879 abgerissen) und die böhmische Kolonie blieben weitgehend verschont. Die obdachlosen Schöneberger kamen vorübergehend im böhmischen Teil des Dorfes unter, obwohl dessen Bewohner durch den Krieg ebenfalls Schaden genommen hatten: *„... durch die uns zweimalen mit betroffene feindliche Invasion, da die*

Schöneberg um 1872, Gemälde von W. Otto

letztere nämlich die Russen und die Österreicher uns gänzlich ausgeplündert, gekautschuht und unsere Häuser zu Wüsteneien gemacht."[2]
In den Jahren bis 1767 wurden im Zuge des Wiederaufbaus anstelle des Vorwerkes neue Bauernhöfe errichtet. Durch Egalisierung der Feldflur entstanden vierzehn gleich große Höfe, auf denen die Bauern freie und erbberechtigte Eigentümer werden sollten. Damit wurden die Schöneberger Bauern einige Jahrzehnte früher frei als anderswo.
Das Leben der Bauern in Schöneberg war zu dieser Zeit nicht leicht. In einer Beschreibung von 1775 heißt es: *„Weil die Weide schlecht ist, so ist auch die Viehzucht nicht erheblich. Es sind hier jetzt nicht viel über 100 Kühe, und beynahe 500 Schafe (...) die Einwohner (haben) an Holz den größten Mangel. (...) Dieses müssen sie ... aus der Spandauer Heide holen, und es kommt ihnen theuer zu stehen."*[3] Der hohe Sandanteil im Boden erbrachte geringe Erträge. Für die Düngung war ausreichend Mist notwendig, aber es gab nicht genug Vieh. Mehr Vieh hätte mehr Futter erfordert, was die Felder nicht hergaben – ein Teufelskreis. Nur die dorfnahen Äcker wurden intensiv bewirtschaftet.
Ende des 18. Jahrhunderts wurde die erste preußische Chaussee, eine gepflasterte Straße, zwischen Berlin und Potsdam gebaut. Sie führte über Zehlendorf, Steglitz und Schöneberg und ist mit dem Verlauf der heutigen Bundesstraße 1 identisch. Seit dem 1. August 1792 wurde Chausseegeld erhoben, eine Art Maut, von der königliche Wagen und

Haus Rosenkessel in der Hauptstraße, 1812 erbaut, 1936 abgerissen

die Post befreit waren. Auf dieser Chaussee rückten französische Truppen nach den siegreichen Schlachten bei Jena und Auerstedt 1806 auf Berlin vor. Wie viele Dörfer hatte auch Schöneberg unter Zwangseinquartierungen und Abgaben zu leiden.

Zwar rückten die Franzosen bald wieder ab, kamen aber sieben Jahre später wieder; diesmal jedoch nicht als Sieger, sondern auf der Flucht vor den nachrückenden Russen. Der Befehlshaber des 4. französischen Armeekorps war der Stiefsohn Napoleons und italienischer Vizekönig, Eugen Beauharnais. Am 27. Februar 1813 nahm er, von Köpenick kommend, in Schöneberg Quartier. Möglicherweise logierte er im Gasthof „Schwarzer Adler" an der Chaussee.

In dieser unruhigen Zeit trieb sich auch allerlei Gesindel herum. Zu ihnen gehörte die Horstsche Bande, die in Steglitz und Schöneberg Brände legte und plünderte. Dazu hieß es im Extra-Blatt der Berliner Abendblätter, die Heinrich von Kleist herausgab:

„Folgende Extracte aus den Polizei-Rapporten sind uns bis heute 10 Uhr zugekommen.

Rapport vom 30. September (1810)

Gestern Abend sind im Dorfe Alt-Schöneberg 3 Bauernhöfe mit sämmtlichen Nebengebäuden abgebrannt. Das Feuer ist in der Scheune des Schulzen Willmann ausgekommen, und zu gleicher Zeit ist ein ziemlich entfernter, gegenüber stehender Rüsternbaum in Brand gerathen, welches die Vermuthung begründet, daß das Feuer angelegt ist.

Rapport vom 1. Oktober

Zu bemerken ist, daß bei einem, in Schöneberg verhafteten Vagabonden gestohlne Sachen gefunden worden sind, welche dem abgebrannten Schulze Willmann in Schöneberg ... gehören. Dieses giebt Hofnung den Brandstiftern auf die Spur zu kommen."

Der Bauer Willmann hatte eine ansehnliche Sammlung von Tabakspfeifen besessen, bis auf eine waren nun alle verbrannt. Diese eine Pfeife hatte Bandenchef Peter Horst gestohlen. Er wurde am Potsdamer Tor gestellt, die Torwache erkannte die Pfeife, weil der Wachmann früher in Willmanns Diensten gestanden und seine Pfeifensammlung gepflegt hatte. Peter Horst und seine Braut wurden festgenommen, am 13. Juli 1812 zum Tode verurteilt und am 28. Mai 1813 auf dem Scheiterhaufen verbrannt.

Die Pfeife wurde 1985 bei einem Transport von Ausstellungsexponaten vom Kunstamt Schöneberg zum Charlottenburger Schloß ein zweites Mal gestohlen. Sie ist nie wieder aufgetaucht.

Das Ablösungs- und Separationsverfahren

Zwischen 1811 und 1826 wurde das sogenannte Ablösungs- und Separationsverfahren eingeleitet. Das preußische Militär wollte Flächen im Osten der Schöneberger Feldmark als Erweiterung des Tempelhofer Feldes erwerben. Aber die verstreut liegenden kleinen Parzellen und Gemeinschaftsflächen erschwerten den Verkauf. Parallel dazu begannen sich Reformen der preußischen Regierung auszuwirken, denn durch die jetzt mögliche Überführung des Grund und Bodens in Privateigentum verzichtete der Adel auf ein Vorrecht, das eine Basis seiner Macht war. Damit war das private Grundeigentum in Preußen rechtlich anerkannt, und um diese Rechte umzusetzen, wurden die Ablösungs- und Separationsverfahren notwendig. Mit erstem konnte ein Bauer beispielsweise das von ihm genutzte Land durch finanzielle Leistungen oder Abgaben an den Feudalherren „ablösen".

Durch Separationsverfahren wurde Land aus einer genossenschaftlichen Bindung gelöst, die im Verbund liegenden länglichen Parzellen aller Bauern wurden zu größeren Feldern zusammengefaßt. Außerdem wurden die genossenschaftlichen Nutzungsrechte aufgehoben, z. B. die gemeinsame Nutzung von Weideflächen. Obwohl sich das gesamte Verfahren bis 1858 hinzog, verkauften einige Bauern bereits 1828 Teile der von ihnen erworbenen Flächen an das preußische Militär. Rund zehn Jahre später begannen weitere Verhandlungen über den Verkauf von Land für die Eisenbahnstrecke von Berlin nach Potsdam, die erst 1845, sieben Jahre nach Eröffnung der Bahnlinie, abgeschlossen wurden.

In den dreißiger Jahren des 19. Jahrhunderts wurden durch Grundstücksteilungen, vor allem entlang der Potsdamer Straße, neue Bauparzellen gewonnen. Auf ihnen siedelten sich Handwerker und Händler an. Die in Preußen 1810 eingeführte Gewerbefreiheit war dafür eine wesentliche Voraussetzung. Eines der ältesten bekannten Gebäude war ein dreistöckiges Wohnhaus, das sich der Rechnungsrat Schneider 1834/36 an der Potsdamer Straße 51/53 erbauen ließ. Es wurde im Zweiten Weltkrieg zerstört.

Im alten Dorf gab es 1848 durch Landverkäufe und Hofteilungen bereits 14 Bauern (Großgrundbesitzer), 7 Kossäten (landarme Kleinbauern) und 26 weitere Hauseigentümer.

Um die Mitte des 19. Jahrhunderts war die Besiedelung der Potsdamer Straße bereits weit vorangeschritten. So gab es 1848 nur noch wenige unbebaute Grundstücke. In der Regel waren zwei- bis dreigeschossige

Gehöft Grunow an der Hauptstraße, Aufnahme um 1926

Landhäuser erbaut worden, es gab jedoch auch größere Gebäude; in einigen Häusern lebten bis zu zehn Mietparteien. Auch einige Seitenstraßen wiesen schon Bebauung auf. Am südlichen Rand Berlins hatte sich Mitte des 19. Jahrhunderts das bürgerliche Wohnviertel „Auf dem Karlsbade“ (heute Bezirk Tiergarten) etabliert. Hier wurde 1870 das Haus Am Karlsbad 11 nach Plänen von Martin Gropius errichtet. Später lebte hier der Dichter Heinrich Seidel, bekannt vor allem durch sein Werk „Leberecht Hühnchen“.

Entlang der Kurfürstenstraße standen neun Mühlen aufgereiht. Die Potsdamer Straße war auf westlicher Seite bis zum Botanischen Garten bebaut, die Bebauung der östlichen Straßenseite war erst um 1870 abgeschlossen. Bereits seit etwa 1853/54 war die Chaussee vom Landwehrkanal bis zum „Schwarzen Adler“ in Schöneberg mit Gasbeleuchtung ausgestattet.

Schöneberg wird Stadt

Zusammenschluß und Eingemeindung

Für die Berliner Baugeschichte ist es charakteristisch, daß zeitgleich mit dem Bau von Villenvierteln auch die Mietskasernenquartiere entstanden. 1874 waren Alt- und Neu-Schöneberg, bis dahin selbständige Gemeinden, zusammengeschlossen worden. Im heutigen Schöneberg gründeten sich ab etwa 1860/70 Landhauskolonien wie Friedenau oder das sogenannte Kielgansche Viertel nördlich des Nollendorfplatzes. Zwischen der alten Akzisemauer (sie verlief etwa Gitschiner Straße – Skalitzer Straße – Warschauer Straße – Friedenstraße – Prenzlauer Berg – Linienstraße; gedachte Verlängerung zum Humboldthafen – Ebertstraße – Stresemannstraße) und der Ringbahn, später auch darüber hinausgreifend, wurden innerhalb von zwei, drei Jahrzehnten ganze Mietskasernenviertel aus dem Boden gestampft.
Seit 1843 wurden Pläne diskutiert, Vororte Berlins einzugemeinden. Berlin versprach sich davon ein höheres Steueraufkommen. Die Schöneberger waren geteilter Meinung: Während einige die Annehmlichkeiten städtischen Lebens herbeisehnten (öffentliche Beleuchtung, Straßenpflasterung, Straßenreinigung), befürchteten andere eine zu hohe Steuerbelastung. Insbesondere die alteingessenen und einflußreichen Bauernfamilien taten alles, um die Eingemeindung zu verzögern. Schließlich wurde die Eingemeindung per Königlicher Kabinettsordre durchgesetzt, was nach § 2 der Städteordnung von 1853 möglich war. So kam neben Moabit und Teilen des Wedding auch das Schöneberger Niederland am 1. Januar 1861 zu Berlin. Damit lag die Berliner Stadtgrenze nicht mehr am Landwehrkanal, sondern sie verlief zunächst etwa parallel westlich der Potsdamer Straße und an der Grunewald- bzw. Großgörschenstraße.
Dieser „kleine Schlenker“ in der Grenzziehung zwischen den zuletzt genannten Straßen führt bis in die heutigen Tage zu einem Kuriosum: Das südliche Ende der Potsdamer Straße überschneidet sich mit dem nördlichen Ende der Hauptstraße. So liegt dem (Berliner) Grundstück Potsdamer Straße 192 (BVG-Hauptverwaltung) das (Schöneberger) Grundstück Hauptstraße 163 genau gegenüber. Da die Grenze offensichtlich in der Straßenmitte verlief, haben die West- bzw. Ostseite der Straße bis heute unterschiedliche Namen. Die Schöneberger Bevölkerung wuchs seit dem Zusammenschluß der beiden Gemeinden von

Bevölkerung 1801 bis 1875.							
Jahr	Dorf Alt-Schöneberg	Schöneberger Unterland (Botanischer Garten, Kleegarten usw.)	Verlängerte Potsdamer Straße usw.	Karlsbad und Schöneberger Wiesen	Kolonie Neu-Schöneberg	Zusammen: Altes Gebiet (Umfang bis 1860)	Zusammen: Neues Gebiet (Umfang nach 1860)
1801	284				*240*	*524*	.
1822	528				344	872	.
1825	719				378	1097	.
1828	817				291	1108	.
1831	1044				*439*	*1483*	.
1834	1194				*390*	*1584*	.
1837	1577				*434*	*2011*	.
1840	2033				*467*	*2500*	.
1843	919		1291		*490*	*2700*	.
1846	1174		2047		469	3690	.
1849	1307		2359		481	4147	.
1852	1448		3097		579	5124	.
1855	1891		3334	320	614	6159	.
1858	1451	5042		436	773	7702	.
1861	1838	1860 von Berlin einverleibt			797	.	2635
1864	2195				825	.	3020
1867	2507				845	.	3352
1871	3407				1148	.	4555
1875	.				.	.	7467

Die schrägen Zahlen sind durch Berechnung gewonnen.

Schöneberg wächst: Bevölkerungsstatistik, um 1876

7.500 auf 75.000 Einwohner im Jahre 1898, der Ort erhielt damit die Stadtrechte. Nach der Bildung der Gemeinde Groß-Berlin 1920 gehörte der alte Nordteil Schönebergs zum Bezirk Tiergarten. Im Rahmen der Bezirksgebietsreform von 1938 bekam Schöneberg große Teile seiner alten Nordgebiete wieder zurück. Das Gelände nördlich der Kurfürstenstraße verblieb aber bei Tiergarten.

Der Hobrechtplan

Da das Stadtgebiet von Berlin nun deutlich größer geworden war, mußte für die neuen Außenbezirke ein Straßennetz geplant werden. Der für die baulichen Belange der Stadt zuständige Polizeipräsident von Hinckeldey beauftragte auf Veranlassung des Prinzregenten Wilhelm

den Baurat James Hobrecht mit der Erstellung eines Straßengrundriß-planes für die Umgebung Berlins. Nach vier Jahren konnte Hobrecht schließlich 1862 einen „Bebauungsplan der Umgebungen Berlins" vorlegen, der nach seinem Hauptbearbeiter meist kurz „Hobrechtplan" genannt wird und der auch den eingemeindeten Schöneberger Nordteil umfaßte. Der Plan bezog bereits bebaute Straßen ein, und so konnte es vorkommen, daß der Eigentümer eines Grundstücks, das als Bauland ausgewiesen wurde, plötzlich ohne Straßenfront oder Zugang war, während ein anderer eine große Straßenfront ohne Hinterland besaß. *„Man kann sich denken, zu welchen Mißhelligkeiten und Erpressungen dieses Anlaß gab",* schrieb Hegemann, der große Kritiker der Berliner Mietskaserne 1930.[4]
Die Trassen der großen, neu projektierten Straßen lagen zwar zumeist auf freiem Gelände, wo aber beispielsweise heute die Bülowstraße die Potsdamer Straße kreuzt, standen nach einem Plan von 1871 noch zwei Gebäude im Wege.
Ein bedeutendes Element des Hobrechtplanes war der Boulevardring, der zwar nur in Teilstücken fertig wurde, den man aber noch gut im heutigen Stadtgrundriß verfolgen kann. In Schöneberg markieren ihn Tauentzienstraße, Wittenbergplatz, Kleiststraße, Nollendorfplatz, Bülowstraße und Yorckstraße. Von hier geht es weiter über Gneisenaustraße, Südstern, Hasenheide, Hermannplatz und von dort nach Nordosten zur Oberbaumbrücke. Das zweite Teilstück verläuft über Bornholmer Straße, Osloer Straße, Seestraße, Goerdelerdamm zum Schloß Charlottenburg und von dort aus über Otto-Suhr-Allee, Ernst-Reuter-Platz, Hardenbergstraße und Breitscheidplatz wieder zur Tauentzienstraße. Die nach den preußischen Generälen Tauentzien, Kleist, Bülow, Yorck und Gneisenau benannten Boulevards und Sternplätze haben dem Ring auch seine Bezeichnung als „Generalszug" eingetragen. Zwischen Yorck- und Bülowstraße mußte der Ring nach Süden verschwenkt werden. Hobrecht hatte nicht nur mitten durch das Bahngelände eine 60 Meter breite Straße projektiert, sondern dort auch noch den großen „Wahlstattplatz" geplant. Die privaten Bahngesellschaften waren jedoch nicht bereit, auf Hobrechts Straßenplanungen Rücksicht zu nehmen, und die Stadt Berlin war nicht willens, die längeren Brückenkonstruktionen und das zusätzliche Straßenland zu bezahlen. So wurde 1868 der breite Straßenzug aufgegeben und 1882 die heutige Yorckstraße etwas weiter südlich angelegt. Die ursprüngliche Planung kann man heute noch an der Kreuzberger Hornstraße erkennen. Geplant als Teil des Boulevardrings, ist sie heute nur eine unbedeutende Seiten-

Die Brücken an der Yorckstraße

straße, aber mit breiten Fahrbahnen und Bürgersteigen und einem großzügigen Mittelstreifen. Der Straßenverlauf bricht unvermittelt ab und endet vor dem Bahndamm.

Kennzeichnend für diesen Teil der Yorckstraße sind vielen 40 Meter langen und 30 – 35 Tonnen schweren Bahnbrücken, von denen einige bereits 1960 entfernt wurden. Über sie rumpelten früher die Güter- und Personenzüge der Potsdamer, Anhalter und Dresdener Eisenbahn. In ihrem Bereich liegen heute zwei Bahnhöfe für drei S-Bahnlinien.

Die von Hobrecht geplanten großen Baugrundstücke (auch Baublöcke genannt) boten mit Tiefen zwischen 100 und 250 Metern die Möglichkeit der Durchlegung von Zwischenstraßen als reine Wohnstraßen, bei der Bebauung wurde jedoch meist auf sie verzichtet. Einzig eine Planergänzungsbestimmung von 1867 führte zur Anlage der Frobenstraße. Sechs Jahre später folgten die Nollendorf- , Schwerin- und Zietenstraße. Einige große Blöcke aber blieben erhalten, wie z. B. der Block, der von der Winterfeldt-, Potsdamer und Pallasstraße sowie dem Winterfeldtplatz begrenzt wird. Auf ihm wurden der Sportpalast, das Fernmeldeamt, die Spreewald-Grundschule und Mietskasernen mit zwei Hinterhöfen errichtet, wie in der Pallasstraße 8 – 12. Hobrecht wurde heftig kritisiert, weil die von ihm geschaffenen tiefen Baublöcke nur den Bauherren und den etwa 60 Terraingesellschaften nutzten und zur Überbauung der Grundstücke mit Mietskasernen, also Seitenflügeln, Quergebäuden und Hinterhöfen, führten.

Hobrecht kannte die Kritik und verteidigte sich im Jahre 1868 so: *„Nicht ‚Abschließung', sondern ‚Durchdringung' scheint mir aus sittlichen und darum aus staatlichen Rücksichten das Gebotene zu sein. In der Mietskaserne gehen die Kinder aus den Kellerwohnungen ... über denselben Hausflur wie diejenigen des Rates oder Kaufmanns."*[5]
Letztlich war aber der Bebauungsplan von 1862 nichts anderes als ein Straßenplan, der nicht Ursache für das Entstehen der Mietskaserne war, denn die Enge der Bebauung ist nicht von der Größe der Blöcke abhängig. Es war die Grundstücksspekulation, die den Bau von Mietskasernen enorm förderte.

Der Bau von Mietskasernen

In Schöneberg begann der Bau der Mietshäuser am alten Dorf, in der Haupt- bzw. Crellestraße, und im nach Berlin eingemeindeten Nordteil. Das Gebäude in der Crellestraße 16 von 1867 beispielsweise hat zwar nur zwei Vollgeschosse, aber bereits einen Seitenflügel. Das viergeschossige Vorderhaus in Nr. 15 wurde 1870 samt Seitenflügel errichtet. Das Quergebäude ist ein Landarbeiterhaus aus der Zeit um 1850. Das Haus Crellestraße 8 wurde 1873 erbaut und hat schon vier Stockwerke. Das dreistöckige Doppelwohnhaus in der Hauptstraße 126 stammt von 1864, der Seitenflügel aber wurde erst 1880 angefügt. Das Quergebäude in der Hauptstraße 155 wurde 1870 errichtet, 1876 das vierstöckige Haus Hauptstraße 131.
Das Haus Hauptstraße 56 / Ecke Koburger Straße 1, markant durch seine sehr spitze Ecke, wurde 1873 von der Grundbesitz AG errichtet und 1912 umgebaut. In den dreißiger Jahren ist der Stuck abgeschlagen worden, ein Seitenflügel wurde im Krieg zerstört. Zu den frühen Mietshäusern im nach Berlin eingemeindeten Teil Nord-Schönebergs gehören die Gebäude in der Zietenstraße 15 und 17 von 1872 sowie Kurfürstenstraße 154 und 167 von 1873. 1874 entstanden die Häuser Alvenslebenstraße 2 und 4, Frobenstraße 10, Steinmetzstraße 3 sowie etliche Häuser in Blumenthal-, Zieten- und Schwerinstraße. Hier, rund um den Nollendorfplatz und die Bülowstraße, herrschten Mietskasernen mit Kleinwohnungen vor, zum Teil wurde sogar sechsgeschossig gebaut. Beispiele sind das Haus Winterfeldtstraße 45/Ecke Goltzstraße von 1887 oder das Gebäude Nollendorfstraße 21a/Ecke Eisenacher Straße, das sogar siebenstöckig ist. Weitere sechsstöckige Mietshäuser stehen auf der Südseite der Goebenstraße; nach 1887 gibt es, von Aus-

Crellestraße 16, erbaut 1867

nahmen abgesehen, keine Wohngebäude mit mehr als fünf Vollgeschossen. Die Bauordnung von 1887 beschränkte sowohl die Zahl der Geschosse als auch die Bebauung auf einem Grundstück. Sie legte eine größere Grundfläche für die Höfe fest, die Mietskaserne mit Quer- und Seitenflügeln aber wurde nicht verboten. Am 24. Juni 1887 wurde die Berliner Bauordnung auf die nächstgelegenen Vororte ausgedehnt und blieb mit geringen Abweichungen auch weiterhin für das Gebiet Schönebergs innerhalb der Ringbahn wirksam. Für die Gebiete außerhalb der Ringbahn trat am 5. Dezember 1892 eine Baupolizeiverordnung in Kraft, die die Zahl der Stockwerke auf vier reduzierte.
Oft waren es kleine Unternehmer, Handwerker oder Landbesitzer, die auf einzelnen Parzellen ihre Mietshäuser errichteten. Aber gerade im nördlichen Bereich Schönebergs kauften Terraingesellschaften unbebaute Ländereien auf, bauten Straßen, legten Versorgungsleitungen und verkauften die Parzellen entweder weiter oder bebauten sie teilweise auch selbst. Im Bereich Dennewitzplatz, Kurfürstenstraße, Großgörschen- und Potsdamer Straße war der „Berliner Bank-Verein" tätig, der aber etwa 1873 pleite ging. Die „Berliner Bau-Vereins-Bank AG" erschloß das Gebiet zwischen Mackensen-, Kurfürsten-, Froben-, Winterfeldt- und Maaßenstraße, das Gelände zwischen Kurfürsten- und Fuggerstraße war in den Händen der „Tiergarten-Westend-AG".
Die Gegend zwischen dem Viktoria-Luise- und dem Innsbrucker Platz war bis zur Jahrhundertwende sumpfiges Wiesengelände. Dann wurden

Schöneberger Milch-Wirtschaft um die Jahrhundertwende

dort von der „Berlinische Boden-Gesellschaft" (BBG) große Teile des sogenannten Bayerischen Viertels errichtet. Zwischen 1898 und 1907 hatte dieses Unternehmen rund 1/7 des Schöneberger Stadtgebietes an sich gebracht und die Hälfte davon bebauen lassen. Der größte Teil ihres Grundbesitzes lag nördlich der Grunewald- bzw. westlich der Martin-Luther-Straße. Die Berlinische Boden-Gesellschaft ist eng verbunden mit dem Namen Haberland. Salomon Haberland hatte das Unternehmen 1890 gemeinsam mit Arthur Booth gegründet. Die Teilhaber erschlossen nicht nur Grundstücke, sondern hatten auch ein eigenes Architekten- und Konstruktionsbüro. Haberland war eigentlich Textilhändler und hatte ein Geschäft in Wittstock/Dosse, das 1861 eröffnet wurde. 1866 zog er nach Berlin und eröffnete in der Papestraße 9 eine Textilmanufaktur. Wegen seiner Verdienste um die Bebauung des Ortes benannte die Stadt Schöneberg 1906 zu seinem 70. Geburtstag eine noch namenslose Straße nach ihm. Sein Sohn Georg führte das Unternehmen bis zu seinem Tode 1933. Danach wurde es „arisiert". Der rechtmäßige Erbe Kurt Haberland starb im Juni 1942 im KZ Mauthausen. Auch andere Familienmitglieder kamen in KZs ums Leben oder legten selbst Hand an sich. Der Straßenname wurde 1938 in Nördlinger, später Treuchtlinger Straße geändert.
Beim Bau der Mietskasernen hatte man oft gleich auf dem Hintergelände Fabrikationsgebäude für Gewerbe und Industrie errichtet. Sie wurden meist von expandierenden Betrieben aus Berlin bezogen. Zum

Beispiel die Optische Anstalt und Fabrik für photographische Apparate C.P. Goerz, die 1888 in Berlin gegründet wurde. 1889 verlegte man die Firma nach Schöneberg in die Hauptstraße 7, ab 1894 auf das Grundstück gegenüber (Hauptstraße 150/Helmstraße 3). Später siedelte der Betrieb nach Friedenau über. Diese Entwicklung ist typisch für Berlin, sie läßt sich besonders an der Entwicklung der Firma Borsig ablesen: Sie zog von Mitte über Moabit nach Tegel/Borsigwalde. Auf diese Weise erfolgte etwa ab der Jahrhundertwende eine allmählich eine Trennung von Wohn- und Gewerbegebieten. So entstanden reine Industriegelände, wie zum Beispiel in Schöneberg seit etwa 1910 beiderseits der Bessemerstraße.

Die typische gewerbliche Hinterhofnutzung gab es allerdings nicht überall. Im Norden Schönebergs findet sie sich kaum, auch nicht im später erbauten Bayerischen Viertel. Dort war kein Gewerbe gewollt, nicht einmal Läden in den Wohnstraßen sollte es geben, die großen Terraingesellschaften legten Wert auf reine Wohnviertel.

Die Bauern Richnow, Willmann, Mette und Bergemann, die schon vom Landverkauf an die Bahn profitiert hatten, verpachteten Land an Gärtnereien, Fuhr- und Abmelkbetriebe. Damit ließ sich bequemer Geld verdienen als mit harter Arbeit. Der bekannteste Abmelkbetrieb war der von Mendler, ansäßig in der Steinmetzstraße 22. Eine Kuh aus Mosaikpflastersteinen vor dem Haus erinnert daran, daß hier im dritten Hinterhof seit 1931 gemolken und im ersten Hof Milch verkauft wurde. 35 Kühe lieferten jährlich 210.000 Liter Milch. Im Rahmen der Sanierung zog Mendler 1982 nach Rudow.

Abmelkbetrieb Mendler, Hinterhof Steinmetzstraße

Diese Abmelkbetriebe waren seit den Gründerjahren eine Berliner Besonderheit. In einigen alten Stadtvierteln finden sich noch Inschriften an verwitterten Fassaden, die auf ehemalige Hinterhof-Kuhställe hinweisen. Rund 20.000 Kühe wurden damals auf dem Land gekauft, in städtische Abmelkställe gestellt und so lange gemolken, bis die „Quelle“ versiegte. Eine Wiese sahen die Kühe in der Regel nicht mehr, das Grünfutter mußte zugekauft werden. Noch bis in die sechziger Jahre bezog die Meierei-Zentrale aus ungefähr 70 Abmelkbetrieben 2,5% ihrer Milch. Der Begriff „Mietskaserne" ist übrigens keine Erfindung aus heutiger Zeit. Er taucht bereits in den sechziger Jahren des 19. Jahrhunderts auf und wurde nachweislich schon 1868 von Hobrecht gebraucht. Die vielen bekannte Mißstände in den Mietskasernenvierteln dürfen nicht darüber hinwegtäuschen, daß es unter diesen Quartieren auch ausgesprochen luxuriös ausgestattete Wohnhäuser (meist Vorderhäuser) gibt. Dort sind die Hauseingänge und Treppenflure in Marmor gehalten, manchmal verspiegelt und mit großen Kronleuchtern ausgestattet, die Fensterscheiben oft künstlerisch mit farbigem Glas gestaltet. Zwar findet man solche Beispiele eher im Norden Schönebergs, aber auch im Bereich des alten Dorfes gibt es bemerkenswerte Häuser. Eines steht in der Hauptstraße 135 und wurde 1905/06 errichtet. Auch hier finden sich Marmortreppen und farbenprächtige Wandmotive im Jugendstil.

Georg Hermann, der in Friedenau lebte und seiner jüdischen Herkunft wegen 1943 ins KZ kam, hat in seinem Buch „Kubinke", das 1910 erschien, den Wandel von freier Landschaft zum Häusermeer treffend so beschrieben: *„Da wurde eines schönen Tages Sand gefahren; da wurden eines schönen Tages Straßen gezogen; da kamen eines schönen Tages*

Die Martin-Luther-Straße, Skizze von F. Skarbina, 1885

Rammen und Dampfwalzen; da wurden Bäume gefällt; die Felder verkamen, versandeten und wurden aufgeschüttet; Laubenkolonien kamen und wuchsen hoch, wurden wieder fortgebrochen, rückten weiter und weiter hinaus. An der einen Ecke kam ein Haus empor, dann an der anderen Ecke. Halb fertig ließ man es stehen. Prozesse wurden geführt, Gerichte behelligt, Urkunden geschrieben, Geld geliehen, Geld gewonnen, Geld verloren. Und wo noch vor kurzem bunte Knabenkräuter im Maiwind ihre Blüten gewiegt hatten, da trieb jetzt nur noch die Bauspekulation und der Häuserschwindel seine Blüten. Pferde wurden geschunden; Arbeiter um ihren Lohn gebracht, Handwerker betrogen. Die Häuser gingen von Hand zu Hand, wechselten dreimal den Besitzer, ehe sie fertig wurden. Trockenmieter kamen und unterschrieben Kontrakte mit Mietssummen, die sie nie in ihrem Leben beieinander gesehen hatten und sehen würden. Wo heute ein Käsegeschäft war, war morgen ein Schuhgeschäft; und übermorgen standen elektrische Lampen im Fenster. Nur die Destillationen blieben ... bis auch die letzte Lücke in der Straße, der letzte öde Bauplatz geschwunden war, bis die Ziegelhaufen nicht mehr auf dem Bürgersteig standen, die Zementwagen nicht mehr vor den Bauzäunen hielten, die Kräne nicht mehr schnarrend ihre Lasten hoben, und alles neu, sauber und propper war."[6]

Die Schöneberger Insel

Ähnlich verlief die Entwicklung auf der sogenannten Insel, dem Gelände östlich des Dorfes, das zwischen den Strecken der Potsdamer Bahn (1838) und der Ringbahn (erster Bauabschnitt 1871) eingeschlossen wurde. Die Grenze nach Osten bildete schon seit 1841 die Anhalter Bahn. Diese Bahnlinien wirkten anfangs für die Schöneberger eher als Verkehrshindernis, weil die Anwohner sie nicht nutzen konnten. Der erste Schöneberger Bahnhof wurde 1871 am Werdauer Weg an der Berlin – Potsdamer Bahn eröffnet, lag aber zu ungünstig. So eröffnete die Bahn 1881 einen Haltepunkt an der Kolonnenstraße, der später zum Bahnhof ausgebaut wurde. Die Ringbahn band Schöneberg auch an andere Vororte und Industriegebiete an, und damit wurde die Insel nun auch als Wohngebiet interessant.

Als erste Straße auf der Schöneberger Insel entstand um 1870 die Leberstraße. Initator war der Kaufmann Lenz. Er hatte einen schmalen Ackerstreifen erworben, auf dem zunächst einfache Landhäuser, aber auch schon drei- bis viergeschossige Mietshäuser mit Seitenflügeln, Ställen und Gewerberäumen entstanden. Hinterhäuser waren auf den schmalen Parzellen nicht unterzubringen. Von der ursprünglichen Bebauung der Leberstraße ist heute nichts mehr vorhanden, obwohl die Häuser Leberstraße 15 und 16 mit ihren drei Stockwerken noch vorstädtisch wirken. Die Wandlung zur großstädtischen Wohnstraße dauerte etwa bis zur Jahrhundertwende. So stammt das Haus Leberstraße 18 von 1885/86, die Nr. 13 ist dagegen erst zehn Jahre später entstanden.

In der Leberstraße 65 kam übrigens am 27. Dezember 1901 die Schauspielerin Marlene Dietrich zur Welt. Später wohnte sie, schon als gefeierter Filmstar, in der Bundesallee.

Nur einen Tag nach Marlene Dietrich, am 28. Dezember, hat eine andere Schauspielerin Geburtstag, die 1925 – ebenfalls in der Leberstraße, Nr. 25 – geboren wurde: Hildegard Knef. Ihr geliebter Großvater wohnte ebenfalls in Schöneberg, in der Frobenstraße. In ihrem Buch „Der geschenkte Gaul" von 1970 erinnert sie sich: *„Eines Tages hatte Großvater das einsame Landleben satt und zog ... in eine Wohnung in der Frobenstraße Nr. 13. Die Frobenstraße war ganz in der Nähe vom Nollendorfplatz, kein Baum, kein Park, nur Hochbahngetöse, Omnibuslärm und düstere Zimmer. Warum er gerade auf diese Wohnung verfiel, weiß ich nicht ... Das Angenehme an der Wohnung war, daß ich sie mit dem Achter-Omnibus sehr schnell erreichen konnte ... Wir wohnten jetzt in Friedenau und hatten einen Schumacherladen in der Nähe der Wohnung, direkt am Bahnhof Wilmersdorf ... Die Bernhardstraße war ein Hufeisen ohne Rundungen, ein Quadrat mit drei Schenkeln, eine Straße, die nach drei Himmelrichtungen ging: nach Süden, nach Osten, nach Westen. Das unvollständige Quadrat wurde im Norden durch die Wexstraße vervollständigt. Die Wexstraße war eine laute, eine großstädtische Straße und lief vom Kaiserplatz bis zum Innsbrucker Platz. Die Bernhardstraße war Fußballplatz, Radrennbahn, ein Dorf mit achtzehn vierstöckigen Häusern."*[7]

Die langen Nord-Süd-Straßen (Cherusker-, Goten-, Leber-, Gustav-Müller- und Naumannstraße) verweisen auf die ehemaligen schmalen Ackerstreifen. Die Voraussetzung für die Errichtung dichter Bebauung wie Mietshäusern war 1884 bzw. 1888 geschaffen worden: die Trinkwasserversorgung und Abwasserentsorgung. Es entstanden meist einfache Ein- bis Zweizimmerwohnungen. Im Jahre 1905 hatten auf der „Insel" nur 6,8 % aller Wohnungen mehr als drei Zimmer. In Friedenau waren es zur gleichen Zeit 44,2 %. Als letzte Straßen der Schöneberger Insel wurden zwischen 1905 und 1908 die Gustav-Müller- und die Naumannstraße bebaut. Allein die „Bahnhof-Schöneberg-Bodengesellschaft" errichtete zwischen 1905 und 1906 in der Gustav-Müller- und der Naumannstraße 71 Mietskasernen mit 1.588 Wohnungen. Aufgrund veränderter Bauvorschriften entstanden hier großzügiger ausgestattete und

Eisenbahnbataillon der Kolonnenstraße, 1908

besser gelegene Häuser. So gibt es in der Naumannstraße Vorgärten und einen gärtnerisch gestalteten Platz an der Leuthener Straße. 1906 wurde hier sogar ein Kinderspielplatz eröffnet. Die Naumannstraße trägt ihren Namen seit 1929 nach Friedrich Hugo Naumann (1860–1919), der auch zeitweise in dieser Straße wohnte.
Wesentliches Element der „Insel“ war jahrzehntelang ein Gelände des Militärs, das an den Alten Kirchhof der Zwölf-Apostel-Gemeinde grenzte. Im deutsch-französischen Krieg von 1870/71 war die militärische Bedeutung der Eisenbahn für den Transport von Waffen und Soldaten deutlich geworden. 1871 wurde die Aufstellung von Eisenbahnbataillonen beschlossen, in Schöneberg das bisher kaum genutzte Militärgelände südlich der Kolonnenstraße bzw. westlich der Anhalter Bahn zum Übungsplatz.
Der Militärbahnhof entstand 1874/75 südlich der Kolonnenstraße, am westlichen Rand des Bahngeländes. Von hier aus fuhren die Züge über eine 1875 fertiggestellte Strecke zum Schießplatz im Kummersdorfer Forst bei Zossen. Diese Verkehrseinrichtung diente zunächst ausschließlich dem Militär, ab 1888 konnten auch Zivilisten diese Strecke nutzen. Zunächst waren die Soldaten der Eisenbahnbataillone noch in Moabit untergebracht. Ein Teil von ihnen wurde in Schöneberg in Privathäusern zwangseinquartiert, so in der Großgörschen- und Kolonnenstraße. Ab 1876 konnte eine neu erbaute Kaserne westlich der Kesselsdorfstraße

Kraftfahrabteilung auf dem Militärgelände östlich des Bahnhofes Papestraße, 1916. Im Hintergrund der Sachsendamms.

genutzt werden, die 1878/79 erweitert wurde. Weitere Kasernen entstanden 1892–96 östlich des Bahnhofes Papestraße. Alfred Kerr schrieb im September 1900:

„Berlin in Kriegszeiten. Potsdamer Straße; Abend. Man geht ... harmlos unter den Bäumen entlang, welche die feinsinnige Stadtverwaltung noch stehenließ. Plötzlich Massenansammlungen, zweitausend Köpfe, Verkehrsstockung, angstvolles Klingeln elektrischer Wagen, verirrte Omnibusse mit bleichen Schaffnern, eingesperrte Taxameter mit wahnwitzig sich gebärdenden Insassen, brüllende Schutzleute, getretene Hunde, umgeworfene Zweiräder, Halli, Halloh, Frauenzimmer mit bemalten Backen, Dienstmänner, Ehepaare mit kleinen Kindern, lange, fünftöchtrige Familien, Assesoren, Stubenmädel mit Raupenhäubchen und weißen Schürzen, Postbeamte, Landschaftsmaler. Alle stellen sich auf die Zehen, schubsen, drängeln, stoßen, und mit einem Schlage kommt Sturm in die Masse, sie trotten wie die Irrsinnigen zwanzig Meter vorwärts, seitwärts, galoppierend, schreiend, hast du nicht gesehen, vom Nollendorfplatz kommt Musik. Alles rast die Bülowstraße entlang. Da sind sie schon. Die Eisenbahner. Halli, halloh. Manche sitzen in Droschken, die im Zuge mitfahren. Manche marschieren im Zuge und haben links die Mutter, rechts die Braut. Die Mützen sind braungelb; leuchten durch die Nacht; das elektrische Licht bestrahlt sie. ... Mit schweigendem Ernst ziehen die braven Jungen vorüber, die sich ganz freiwillig für den heiligen Krieg in China ge-

meldet ... Großes fortreißendes Gedränge. In solchen Momenten patriotischer Aufwallung muß man in Berlin sein Portemonnaie festhalten; es ist schon manchmal gestohlen worden. Trott, trott, trott! Seltsam! Diese ganze Bevölkerung, die hier mitläuft, sie pfeift auf den Krieg in China ... und kommt doch in eine frohe, getragene Stimmung, wenn die Eisenbahner vorüberziehen."[8]
Die Garnison belebte das Geschäftsleben in Schöneberg deutlich, wovon vor allem die Gasthöfe profitierten. So gab es 1913 allein in der Leberstraße 15 Gastwirtschaften.
Es ist nicht mehr möglich, die Schöneberger Militärgeschichte lückenlos zu rekonstruieren. Bei dem verheerenden Luftangriff auf Potsdam am 14. April 1945 wurden die Unterlagen der preußischen Armee im Heeresarchiv vernichtet. Nichts erinnert heute mehr an die militärische Vergangenheit Schönebergs. Die Ruine des Hauptgebäudes des Militärbahnhofes wurde 1955gesprengt, die Kasernen in der Kesselsdorfstraße 1950 abgerissen. Heute befinden sich an dieser Stelle die Schwielowsee-Grundschule und das Kinderzentrum.

Von Kirchen und Friedhöfen

Die erste Schöneberger Kirche war – natürlich – die Dorfkirche. Sie brannte dreimal ab (1544, 1760 und 1945), wurde aber immer wieder an gleicher Stelle aufgebaut, zuletzt 1953–55. 1982/83 wurde das Gotteshaus, dessen Wetterfahne auf dem Dach aus dem Jahr 1764 stammt, grundlegend restauriert. 1867 wurde der Friedhof durch den Ankauf von Wiesen und Ackerflächen erweitert. Das älteste Grab auf dem die Dorfkirche umgebenden Dorffriedhof stammt aus dem Jahre 1718. Es handelt sich um die Grabstätte des „königlichen Hoftapezierers", geboren 1643. Der verwitterte Grabstein ist Teil der Kirchenmauer zur Hauptstraße hin. Etliche Grabsteine tragen die Namen Richnow, Willmann oder Sarre; die weitverzweigte Verwandtschaft der wohlhabenden Bauern und Gärtner wurde hier beigesetzt. Zum Lassenpark hin finden sich aufwendige, zum Teil sogar verglaste Mausoleen.
Ende des 19. Jahrhunderts kam es auf diesem Friedhof zu einer merkwürdigen Exhumierung. Der hier bestattete preußische Generalleutnant Otto von Diericke sollte einer Legende nach samt Pferd und in vollem Ordensschmuck beigesetzt worden sein. Der Sache wollte man im wahrsten Sinne des Wortes auf den Grund gehen: Der Leutnant wurde kurzerhand wieder ausgegraben. Allerdings wurden weder Pferd noch Orden gefunden.

Der zweite Friedhof auf Schöneberger Gebiet war der Kirchhof der St. Matthäus-Gemeinde, die das Gelände an der Monumentenstraße 1854 gekauft hatte, am 25. März 1856 fand die erste Beisetzung statt. Das Haus des Totengräber war ein Jahr zuvor erbaut worden. Etwa 300 Grabsteine des St. Mätthäus-Kirchhofes gelten als künstlerisch und baugeschichtlich wertvoll, mit ihrer Katalogisierung wurde 1976 begonnen. Auf diesem Friedhof sind etliche prominente Persönlichkeiten begraben, so der Pathologe und Sozialpolitiker Rudolf Virchow (1821–1902), der „Eisenbahnkönig“ Bethel Henry Strousberg (1823–1884). Auch die Gebrüder Jacob (1785–1863) und Wilhelm Grimm (1786–1859) sind hier bestattet. Seit 1841 lebten sie als Mitglieder der Preußischen Akademie der Wissenschaften in Berlin, hier begannen sie mit der Arbeit am „Deutschen Wörterbuch“. Der berühmteste „Milchhändler“ Berlins, Carl Bolle (1832–1910), ruht auf dem St. Matthäus-Friedhof, ebenso der Chemiker Eilhard Mitscherlich (1794–1863), der Pädagoge Diesterweg (1790–1866), der Historiker Heinrich von Treitschke (1834–1896) und der Komponist Max Bruch (1838–1920), der in Friedenau gewohnt hatte. In der Zietenstraße 20 mietete der Sprachforscher Georg Büchmann (1822–1884) in den achtziger Jahren seine letzte Wohnung. Bekannt wurden seine „landläufigen Citate“ von 1864, unter dem Titel „Geflügelte Worte“ zu einem internationalen Standardwerk geworden, das immer wieder neue Auflagen erlebt. Auch Büchmann ist hier begraben. Der Friedhof mußte dreimal erweitert werden; ab 1877 wurden doppelte Gebühren für alle, die der Gemeinde nicht angehörten, eingeführt, ab 1890 wurden nur noch Gemeindemitglieder dort bestattet.

Fast wäre dieser Friedhof im Dritten Reich vollständig zerstört worden, weil er dem geplanten Südbahnhof im Wege stand. 1938/39 wurde das nördliche Drittel eingeebnet; viele Gräber wurden aufgehoben, andere nach Stahnsdorf verlegt. Die völlige Schließung war für 1941 geplant, bedingt durch den Zweiten Weltkrieg wurde jedoch nicht mehr mit den Bauarbeiten am Südbahnhof begonnen, und der St. Matthäus-Friedhof blieb in weiten Teilen erhalten.

Die Leichname der nach dem gescheiterten Attentat auf Adolf Hitler am 20. Juli 1944 erschossenen Offiziere Graf von Stauffenberg, Ritter von Quirnheim, von Haeften, Olbricht und Beck wurden am Tag nach der nächtlichen Beerdigung auf dem Friedhof St. Matthäus von der SA exhumiert, im Krematorium Wedding eingeäschert, die Asche auf den Rieselfeldern verstreut. Seit 1979 gibt es einen Gedenkstein auf dem Friedhof.

Ansichtskarte von 1910

Die ständig zunehmende Bebauung der Potsdamer Straße und das Anwachsen der Bevölkerung führte 1864 zur Gründung einer neuen Kirchengemeinde für den Norden Schönebergs, der Zwölf-Apostel-Gemeinde. Nun suchte man ein geeignetes Grundstück für einen Kirchbau, in der Diskussion war unter anderem der Nollendorfplatz. Schließlich entschied man sich für das sogenannte Krahnlakengebiet, ein feuchtes Wiesenterrain, wo bereits seit 1856 eine Notkirche stand. Dieses Phänomen, daß der neuen Kirche ein provisorischer Vorgängerbau an gleicher oder fast gleicher Stelle vorausging, findet sich in der Berliner Kirchenbaugeschichte immer wieder. Die evangelische Zwölf-Apostel-Kirche wurde 1871–74 als gotische Hallenkirche mit 1.000 Plätzen errichtet. Ein Jahr später wurde der Straßenzug entsprechend „An der Apostelkirche" genannt. Fast gleichzeitig begann ringsum der Bau von Mietshäusern. Die Häuser An der Apostelkirche 6, 8 und 12 wurden zwischen 1874 und 1878 errichtet. Das der Kirche benachbarte Haus Kurmärkische Straße 11/13 entstand 1875.
Der Friedhof der neugegründeten Gemeinde wurde 1864 südlich der Kolonnenstraße auf militärfiskalischem Gelände angelegt. Dort hatte sich ursprünglich zwischen 1830 und 1840 eine Pferderennbahn befunden. Die Leichenhalle entstand 1866, der heutige Bau stammt aus dem Jahre 1958, die alte wurde im Krieg zerstört. Hier liegt unter anderem der Bildhauer Reinhold Begas (1831–1911) begraben, dessen bekanntestes Werk der Neptunbrunnen vor dem Roten Rathaus ist.

Der Kaiser bei der Einweihung der Königin-Luise-Gedächtniskirche, 1912

Lebten in Schöneberg 1885 noch 15.872 Menschen, so vervierfachte sich diese Zahl in nur zehn Jahren. Die bestehenden Kirchengemeinden wurden zu groß und mußten geteilt werden, was den Bau neuer Kirchen erforderte. So entstanden zwischen 1891 und 1895 eine katholische und zwei evangelische Großkirchen. Zunächst errichtete man in den Jahren 1891–94, freistehend in der Achse des Generalszuges, die Luther-Kirche auf dem Dennewitzplatz. Für die Apostel-Paulus-Kirche wurde das Akazienwäldchen an der Akazien-/Ecke Grunewaldstraße geopfert, das etwa 1836 auf der „Fichtenkoppel" und der „Sandschelle" angepflanzt worden war, um Staub- und Sandtreiben zu verhindern. Der freistehende Bau mit dem 85 Meter hohen Glockenturm entstand nach Plänen des Architekten Heinrich Franz Schwechten, der auch die Kaiser-Wilhelm-Gedächtniskirche entwarf. Die katholische St. Matthias-Kirche, deren Architekt Engelbert Seibertz war, sollte ursprünglich am Wittenbergplatz errichtet werden, was der Charlottenburger Magistrat jedoch ablehnte, da die neue Kirche die Sicht auf die im Bau befindliche Kaiser-Wilhelm-Gedächtniskirche behindert hätte. So wurde St. Matthias 1892–95 auf dem Winterfeldtplatz errichtet.
Zwischen Jahrhundertwende und Erstem Weltkrieg wurden verstärkt Kirchenbauten in Schöneberg errichtet. Die Nathanael-Kirche am Grazer Platz wurde am 31. Oktober 1903 in Dienst gestellt. Als Anbau der Dorfkirche entstand in den Jahren 1908–10 die evangelische Paul-Gerhardt-Kirche. Sie hatte 1.200 Plätze und wurde am 12. September

1910 in Dienst genommen. Die benachbarte katholische St. Norbert-Kirche an der Dominicusstraße war Tochtergemeinde von St. Matthias und wurde 1916–18 erbaut. 1910–12 entstand die Königin-Luise-Gedächtnis-Kirche auf dem Gustav-Müller-Platz. 1913 trennte sich diese Gemeinde von Alt-Schöneberg und wurde selbständig. Die Kirche „Zum Heilsbronnen" in der Heilbronner Straße 20 wurde 1911/12 erbaut und am 4. Advent 1912 eingeweiht. Der Name der Kirche erklärt sich aus dem Prophetenwort: „Ihr werdet mit Freuden Wasser schöpfen aus dem Heilsbrunnen." Die Heilbronner Straße (nach der Stadt Heilbronn) trägt ihren Namen seit 1902. Der späterer Bischof Otto Dibelius (1880–1967) war hier von 1915–1923 Gemeindepfarrer.
Der beengte Bauplatz führte hier erstmals dazu, daß ein evangelisches Gotteshaus nicht freistehend, sondern in die Straßenfront einbezogen werden mußte. Das gleiche gilt auch für die katholische St. Elisabeth-Kirche von 1911, Kolonnenstraße 38–39.
Daß katholische Kirchen im preußisch-protestantischen Berlin nicht freistehend errichtet werden durften, wird immer wieder zu Unrecht behauptet. Daher wurde für dieses Buch eine Untersuchung durchgeführt, bei der alle Standorte der noch erhaltenen 80 Kirchen im Bereich der Berliner innenstädtischen Mietskasernenviertel beider Konfessionen, die zwischen 1830 und 1934 entstanden sind, registriert wurden. Zwar sind drei Viertel aller katholischen Kirchen „eingebaut", aber auch etwa die Hälfte der evangelischen Kirchen. Von einem deutlichen Übergewicht „eingebauter" katholischer Kirchen kann also keine Rede sein. Die Entscheidung, ob eine Kirche freistehend errichtet werden konnte, war offensichtlich nicht von der Konfession, sondern von verfügbaren Grundstücken abhängig. Mit zunehmender Bebauung wurden nicht nur neue Gemeinden gegründet, sondern auch Bauplätze knapp und teuer. Freistehende Kirchen entstanden in erster Linie vor der Jahrhundertwende, die Zahl der eingebauten Kirchen beider Konfessionen nimmt ab der Jahrhundertwende deutlich zu.

Schulen

Die erste überlieferte „Bestallung" eines Lehrers im Dorf Schöneberg geht auf das Jahr 1647 zurück. Unterricht gab es aber vermutlich schon vorher. Das alte Schulhaus befand sich auf der Dorfaue. Nach dem Dorfbrand 1760 entstand ein neues Haus etwa gegenüber der Einmündung der Eisenacher Straße. Weil man die Schule später in die Dorfmitte verlegen wollte, kam es 1837 zum Bau eines neuen Schulhauses am Kaiser-Wilhelm-Platz. Es wurde 1890 beim Bau des zweiten Rathauses teils abgebrochen, teils einbezogen. Ab 1863 gab es eine Knabenschule in der Kurfürstenstraße 141. Hatte Schöneberg 1880 erst 11.180 Einwohner, waren es 1895 schon 62.695 und 1905 sogar 141.010 Einwohner. Dies führte zu einem dramatischen Anstieg der Schülerzahlen, eine Vielzahl neuer Schulen mußte eröffnet werden, von denen hier nur einige genannt werden können.

1880/81 wurde in der Feurigstraße 57 eine Schule erbaut, dessen Gebäude 1892 und 1907 erweitert werden mußten. Heute sind dort die Brandenburg- und Teltow-Grundschule ansäßig. 1891–93 wurde das Königliche Prinz-Heinrich-Gymnasium in der Klixstraße 5–7 eröffnet, heute eine Berufsschule. 1892 entstand in der Pallasstraße 15 eine Gemeindedoppelschule. Sie wurde im Krieg beschädigt und als Spreewald-Grundschule wieder aufgebaut. 1895 wurden die IV. und V. Gemeindeschule auf dem hinterem Grundstücksteil der Kolonnenstraße 21–23 eröffnet. Am 1. April 1895 mußten die Knaben bei Rektor Piepke im linken Flügel des Backsteinbaus antreten, die Mädchen im rechten bei Rektor Wendenburg. In späteren Jahren war vielleicht auch Marlene Dietrich unter ihnen, denn sie ist ganz in der Nähe (in der Leberstraße) geboren. Von „eiserner Disziplin" berichtet die Chronik aus der achtklassigen Einheitsschule mit jeweils 40 bis 50 Zöglingen, die seit 1956 den Namen Havelland-Grundschule trägt. Im November 1994 zog sie um in die Kolonnenstraße 30. Hier hatte von 1952–1988 ein Altersheim bestanden, durch Zukauf von 2.000 m^2 ehemaligem Bahngelände und dem Bau einer Sporthalle und weiterer Sportflächen wurde die Schule erheblich erweitert. Auf dem vorderen Grundstücksteil Kolonnenstraße 21–23 stand ein altes Wohnhaus, bevor 1908 dort die 3. Höhere Mädchenschule, später Uhland-, danach Fichte-Realschule erbaut wurde. Heute ist das Robert-Blum-Gymnasium in den Gebäuden heimisch.

In der Belziger Straße 43–51 entstand 1897–99 das heute noch bestehende markante Schulgebäude aus rotem Backstein mit einer großen Rosette in der Fassade, die Riesengebirgs-Hauptschule.

Kurz nach der Jahrhundertwende waren weitere Schulen gebaut worden, so beispielsweise 1904 die heutige Löcknitz-Grundschule in der Berchtesgadener Straße 10 und 1908 die heutige Fritz-Haber-Realschule im Tempelhofer Weg 62. Die Schulgebäude in der Hohenstaufenstraße 47–49 entstanden 1903 und 1907. Heute befinden sich dort die Scharmützel-Grundschule und die Georg-von-Giesche-Realschule.

Die „Schwarzen Adler"

In der zweiten Hälfte des 19. Jahrhunderts war Schöneberg ein beliebtes Ausflugsziel, was sich in jeder Menge Lokalitäten niederschlug. Der Ausflugsverkehr – seit 1860 mit dem Pferdeomnibus, seit 1871 mit der Bahn und seit 1879 mit der Pferdestraßenbahn – spielte dabei eine erhebliche Rolle.

Schon vor über 600 Jahren gab es ein „Lokal" in Schöneberg. Der Dorfkrug, 1375 zum ersten Mal erwähnt, mußte damals den relativ hohen Zapfzins von 30 Schillingen zahlen, was auf gute Umsätze schließen läßt. Wo dieses Lokal genau stand, ist heute nicht mehr festzustellen. Im 16. Jahrhundert stand der Dorfkrug auf dem Gelände des späteren Prälat, Hauptstraße 121–124, ab etwa 1650 auf dem Grundstück Hauptstraße 48, von 1809–1847 Patelscher Krug genannt. Rund ein Jahrhundert später befand sich der Dorfkrug dann schräg gegenüber auf dem Grundstück des heutigen Gemeindehauses der Paul-Gerhardt-Kirche. Um 1750 existierten bereits zwei Gastwirtschaften in Schöneberg, um 1860 waren es etwa zehn, und ihre Zahl nahm weiter zu. Aber in diesen Lokalen wurde nicht nur getrunken, das Vergnügungsangebot war weit größer und reichte von Bällen und Tanzveranstaltungen über Theater und Varieté bis hin zu Kinderfesten, Fackelzügen und Feuerwerk. So heißt es in einer Anzeige des „Schwarzen Adler" von 1885:

Gasthof „Schwarzer Adler" in der Hauptstraße 25/26

Schöneberg, Hauptstr. 25. **Schwarzer Adler.** Schöneberg, Hauptstr. 25.

Mittwoch, den 17. Juni 1885:

Erstes Normal=Volks=Fest

verbunden mit

Monstre-Feuerwerk

in den festlich decorirten und verbundenen Gesammträumen des Garten-Etablissements und der großartig im Genre der Dresdener eingerichteten, 16 Morgen großen

Vogelwiese.

Auf letzterer finden unter besonderer Leitung die

Volks=Belustigungen

statt, als: **Vogelschießen** mit der deutschen Armbrust für Herren und Damen, **Prämienschießen** für Damen (Vogelschießstand.) Benutzung der von den **Berliner Wasserwerken** getriebenen großen **Rutschbahn.** Aufstellung einer Reihe hier noch nie gesehener

Monstrositäten (sensationell).

Auf der Bühne der Vogelwiese; **Normal=Vorstellung** eines extra hierzu engagirten

Künstler-Personals

unter Mitwirkung des geehrten Publikums.

Neu! Der geschundene Raubritter in Camerun.

(Großes lebendes Tableaux.)

Auftreten beliebter Soubretten im Normal=Kostüm, Stangenklettern für Kinder, Würfelbuden, Schießstände u. s. w.

Grosses Doppel-Militair-Concert

ausgeführt vom Musik-Corps des 1. Garde-Feld-Artillerie-Regiments unter Leitung seines Dirigenten, des Königlichen Musikdirectors Herrn Emil Baumgarten **und einem Hautboisten Corps.**

Zum Schluß des Concerts:

Grosse Schlachtmusik mit Zapfenstreich

ausgeführt von den vereinigten Musik-Corps unter Mitwirkung eines **Tambour= und Hornisten=Corps** bei imposanter Beleuchtung des ganzen Etablissements durch electrisches Licht und farbigem **Lyoner** und **Bengal=Feuer.**

Auf der großen Sommer-Bühne des Garten-Etablissements

Auftreten der bedeutendsten Künstler=Specialitäten:

Der berühmten anglo-mexikanischen Künstler-Truppe Prof. Wettges, des beliebten Universal-Komikers Herrn Zierrath, der gefeierten Soubrette Fräulein Berner, des indischen Feuer-Jongleurs M. Ben-Salva und anderer Künstler von Bedeutung

Lebende Bilder, arrangirt von mehreren Professoren unter Mitwirkung des gesammten Künstler-Personals und zahlreicher Militairs zu Fuß und zu Pferde.

Das Publikum wird freundlich gebeten, die gezogenen Grenzen während des Feuerwerks nicht zu überschreiten. Bei Eintritt der Dunkelheit electrische Erleuchtung des ganzen Etablissements.

In den Riesensälen 8000 Quadrat-Meter Tanzfläche: **Sommernachtsball u. Rosenfest.**

Zum Schluß: **Fackel-Polonaise** durch das ganze Etablissement.

Kassenöffnung 3 Uhr. Anfang des Concerts 4 Uhr. Entree 30 Pf., Sperrsitz 25 Pf. extra. Billets zu 40 Pf. sind in allen mit Plakaten belegten Handlungen zu haben.

Adolph Ehrlich.

Volksfest im „Schwarzen Adler", Juni 1885

„Mittwoch, den 17. Juni 1885: Erstes Normal-Volks-Fest verbunden mit Monstre-Feuerwerk in den festlich decorierten und verbundenen Gesammträumen des Garten-Etablissements und der großartig ... eingerichteten ... Vogelwiese." Des weiteren wurden Vogelschießen, eine Wasserrutschbahn, Militärkonzerte und diverse Jongleure, Komiker und Soubretten angekündigt.

Überhaupt der „Schwarze Adler": Im Laufe der Geschichte gab es vier Gaststätten mit diesem Namen, und alle lagen an der Hauptstraße. Der erste „Schwarze Adler" residierte auf dem späteren Grundstück des Maison de Santé, Hauptstraße 14/16. 1835/36 wurde das Lokal in „Zum Helm" umbenannt. In dem umgebauten Pferdestall richtete man in den vierziger Jahren ein Theater ein. Während zunächst nur Possen gespielt wurden, geriet der Spielplan zusehends politischer, und sozial engagierte Stücke standen im Vordergrund. Während der Revolutionstage 1848 mußten die Stücke der Zensur vorgelegt werden. Das hatte zur Folge, daß man in den folgenden Jahren wieder unverfängliche Lustspiele aufführte. Das Lokal existierte bis 1894.

Der zweite „Schwarze Adler" wurde 1847 vom Gastwirt August Ferdinand Dittner erworben. Auch er ließ im angrenzenden Saal Theater spielen und richtete zur Beförderung seiner Gäste eine Pferde-Omnibuslinie nach Berlin ein. Es war wohl das berühmteste Lokal in Schöneberg und nahm in den folgenden Jahren riesige Ausmaße an. Der Biergarten ging von der Hauptstraße 25/26 über die – noch nicht existierende – Belziger Straße hinaus bis zur Apostel-Paulus-Straße, im Osten wurde er von der Akazienstraße begrenzt, im Westen von der Merseburger Straße und dem Postgrundstück.

Der Platz soll für 10.000 Gartenstühle gereicht haben, der Saal 8.000 m^2 groß gewesen sein. Bauunterlagen sind nicht vorhanden, eine Überprüfung dieser enormen Kapazitäten ist nicht mehr möglich. 1893 wurde das gesamte Gelände mit Mietskasernen bebaut. Allerdings diente der „Schwarze Adler“ nicht nur Lustbarkeiten. Im Garten fanden auch die militärischen Musterungen statt. Die späteren Rekruten und auch ihre Vorgesetzten sollen übrigens wesentlich zum guten Umsatz der Schöneberger Lokale beigetragen haben.

Der dritte „Schwarze Adler“ an der Hauptstraße 143/144 – fast gegenüber dem zweiten „Adler“ – nahm um 1893/94 den Betrieb auf. Das kleine, einstöckige Vorderhaus war schon 1866 um zwei Etagen aufgestockt worden, 1881 wurden Schaufenster im Erdgeschoß durchgebrochen. 1883 folgten im Hof eine Kegelbahn und um 1886 ein Billardzimmer. Diese Anbauten mußten 1894 einem großen, prächtigen, mehrstöckigen Saalgebäude im Garten weichen. Im oberen Saal richtete man ein Kino, Vereinsräume und ein kleines „Spezialitätentheater“ ein, im unteren Saal ein großes Theater, wobei die Bühne auch als Tanzfläche genutzt wurde. In den zwanziger Jahren änderte man den Namen in „Saalburg“. Seit 1925 hieß das Etablissement „Turma-Palast-Lichtspiele-Gesellschaft“. Im gleichen Hause spielte auch das „Flora-Varité, das allerdings 1926 pleite ging. Daher gab es später nur noch zwei große Kinos im Haus: Der Flora-Palast mit 680 Plätzen und der Turma-Palast mit 979 Plätzen. Der Krieg zerstörte die Gebäude vollständig. 1949 waren auf dem Grundstück nur noch einfache Schuppen vorhanden, 1956/57 wurde das Gelände für rund 285.000 DM an die Berlinische Bodenbesitz Gesellschaft verkauft. Heute steht hier das Kaufhaus Hertie.

Der vierte „Schwarze Adler“ ging 1938 aus dem ehemaligen Schellinischen Lokal, später Heckendorfs Restaurant, hervor und lag in der Hauptstraße 139. Es bestand über den Zweiten Weltkrieg hinaus noch eine Zeit weiter.

Auch den Gasthof „Zum Hirsch“ an der Hauptstraße 113/Ecke Dominicusstraße 29 gab es seit etwa 1850. In einem zeitgenössischen Bericht wird er beschrieben als *„ein Gasthof wie er wohl heute in ganz Deutschland nicht mehr zu finden ist, da war nacht und tag Betrieb. Für hundert Pferde ausspannung und viele Betten für die Fuhrleute und Viehhändler, denn es kamen aus allen Teilen Deutschlands die Fuhrleute.“* Nach dem Tod des Eigentümers verkaufte der Sohn das Grundstück. Der Gasthof wurde 1900 abgebrochen, die alten Bäume abgesägt und an seiner Stelle ein fünfstöckiges Mietshaus errichtet.

In der Hauptstraße 12 – 13 bot der Gasthof „Lindenpark“ in Hof und Garten Platz für Hunderte von Gästen, die mit Musik und Theater unterhalten wurden. Außerdem konnte man sich an Karussells und Kegelbahnen vergnügen. Die Weißbierkneipe „Zum Hofjäger“ lag an der Hauptstraße 23 – 24/Ecke Akazienstraße 31. Später nannte es sich „Papier'sches Lokal“. 1955 – 58 entstand hier ein mehrstöckiges Verwaltungsgebäude. Weitere Lokalitäten befanden sich in der Hauptstraße 34–35/Ecke Eisenacher Straße und in der Hauptstraße 147. Hier wurde seit etwa 1870 der Gasthof „Reichsgarten“ betrieben, wo bis um 1910 auch artistische Vorführungen bewundert werden konnten. Auf dem Nachbargrundstück Nr. 146 bestand seit 1847 ein Gasthof namens „Tanztabagie Stuhlmann“. Diese Tanzgaststätte bot eine Rauchmöglichkeit, was deswegen so attraktiv war, weil das öffentliche Rauchverbot erst 1848 aufgehoben wurde. Der Name „Tabagie“ leitet sich aus dem Wort „Tabak“ ab. Später nannte sich das Lokal „Grüner Baum“. Etwa ab der Jahrhundertwende war die Zeit der großen Ausflugslokale in Schöneberg vorbei. Man fuhr nun in den Grunewald, nach Werder oder in den Zoologischen Garten. An den Nahtstellen der zusammenwachsenden Städte rund um Berlin traten Tanzpaläste, Weinhäuser und große städtische Cafés an die Stelle der Gartenlokale, wie z. B. das Café Woerz am Nollendorfplatz oder die Obst'schen Festsäle in der Meiniger Straße 8/Ecke Lutherstraße 51. Das Lokal war ein beliebter Treffpunkt der Sozialdemokraten.

Außerdem etablierten sich die typischen Eckkneipen, die zwar vornehmlich, aber nicht nur an den Ecken zu finden waren. Die berühmteste ist wohl „Leydicke“. Die Kneipe war ursprünglich eine Handelsgesellschaft zur Herstellung von Likören, Punschessenzen, Fruchtsäften und -weinen. 1877 von den Gebrüdern Max und Emil Leydicke in der Kreuzberger Prinzenstraße gegründet, baute sich die Firma 1893 ihr eigenes Domzil in der Mansteinstraße 4, wo sie noch heute zu finden ist. Erst 1927 kam eine Probierstube dazu, das heutige Lokal. Die „Seele vons Janze“ war Lucie Leydicke, die für die allerletzten Gäste noch bis in die siebziger Jahre hinein ihr Gute-Nacht-Lied sang. 1980 verstarb sie 82jährig.

1867 wurde auf dem Grundstück Hauptstraße 122–124 die „Schloßbrauerei-Schöneberg“ eröffnet. Der Name „Schloßbrauerei“ bezog sich auf das auf dem Gelände befindliche Jagdschlößchen aus dem 18. Jahrhundert. Das Grundstück erstreckte sich später bis zur Ebersstraße, wobei sich die eigentlichen Betriebsgebäude mit Sudhaus, Maschinenhaus, Pferdeställen usw. zwischen Feurigstraße und Ebersstraße befanden. Auf dem Gelände zwischen Haupt- und Feurigstraße konnte im großen Saal oder Garten das gekostet werden, was auf der anderen

Straßenseite zusammengebraut wurde. Die Brauerei wurde im Zweiten Weltkrieg stark beschädigt, nach Kriegsende machte man sich sofort an den Wiederaufbau. Nach mehreren Übernahmen entschloß sich der letzte Besitzer, die Berliner Kindl Brauerei, dazu, die Produktion in Neukölln zu konzentrieren und das Schöneberger Werk zu schließen. Das Gelände wurde 1974 an die GSW verkauft, der Abriß erfolgte 1975. 1975/76 entstanden dann rund 500 Wohnungen im sozialen Wohnungsbau.

Das auf dem Gelände der Schloßbrauerei befindliche „Prälat" an der Hauptstraße 122/123 geht auf das Jahr 1936 zurück. In diesem Jahr forderten das Bezirksamt Schöneberg und die Kreisleitung der NSDAP, auf dem Gelände einen Saal zu errichten, der rund 2.000 Personen Platz bieten sollte. Wie es hieß, würden solche Räumlichkeiten *„vor allem für die Parteiorganisation dringend gebraucht."*[9]

Der Bau konnte 1938 eröffnet werden. Standen hier zunächst noch sportliche und vergnügliche Veranstaltungen auf dem Programm, gab es aber auch Propagandatreffen der NSDAP und der ihr angeschlossnen Organisationen. Im Zweiten Weltkrieg betreute die Nationalsozialistische Volkswohlfahrt (NSV) in dem Gebäude Bombengeschädigte, die dort auf dem Fußboden kampierten, und versorgte sie mit Essen. Kurz vor dem „Endsieg" sank der Hauptsaal des Prälat in Trümmer, wahrscheinlich nicht einmal verschuldet durch alliierte Bomber, son-

Der Garten des „Prälat", 1939

dern von einem deutschen Panzer, der am Kaiser-Wilhelm-Platz eingegraben war und Granate für Granate in Richtung auf die von Süden anrückenden Sowjets abfeuerte.
Nach vorübergehender Nutzung durch die Alliierten gestaltete man das Gelände 1951 völlig um. Im diesem Zusammenhang riß man das Schlößchen und das Kavaliershaus von 1776, beide vom Krieg gezeichnet, 1950 ab. Statt dessen errichteten die Architekten Paul Jacob Schallenberger und Gerhard Krebs einen Festsaal mit einer Größe von 24 mal 34 Metern Größe. Nun fanden hier Konzerte, bunte Nachmittage wie die RIAS-Kaffeetafel oder Feste wie der Filmball statt. Mit einem letzten Umbau 1965/66 wurde der Prälat erheblich erweitert. Für insgesamt 3.000 Gäste standen acht Säle zur Verfügung, die so klangvolle Namen wie Marmor- oder Kronensaal trugen. 1968 beseitigte man schließlich die letzten Reste des Gartens und baute dort eine häßliche Parkfläche für Autos. Wie der Zeitgeist schon um die Jahrhundertwende die Schöneberger Ausflugslokale sterben ließ, mußte sich auch der Prälat den neuen Zeiten fügen. Ab 1957 stand das Palais am Funkturm für Bälle zur Verfügung, ab 1979 das Internationale Kongreßzentrum, zudem boten Hotels Ball- und Festsäle in ausreichender Zahl. Der Prälat verzeichnete seit 1981 ständig sinkende Einnahmen und war nicht mehr konkurrenzfähig. Am 30. Juni 1987 wurde er endgültig geschlossen und steht seither leer.

Am Bahnhof Nollendorfplatz, 1910

Eisen- und Pferdebahnen

Obwohl die Züge der Potsdamer Bahn bereits seit 1838, die der Anhalter Bahn seit 1841 durch die Schöneberger Feldmark dampften, profitierten die Anwohner zunächst nicht davon. Lediglich die Bauern, die Land an die Bahngesellschaften verkaufen konnten, hatten einen wirklichen Vorteil. Erst mit der Eröffnung der Ringbahn wurde 1871 ein Bahnhof am Werdauer Weg eröffnet. Er lag genau dort, wo die neuen Ringbahngleise zu den Gleisen der Berlin-Potsdamer Bahn nach Süden abbogen.

Die alte Verbindungsbahn, die zwischen 1844 und 1866 in Etappen entstanden war, hatte sich zunehmend als Verkehrshindernis erwiesen. So ging die neue Ringbahn von Moabit über Stralau bis Schöneberg am 17. Juli 1871 für den Güterverkehr und ab dem 1. Januar 1872 für den Personenverkehr in Betrieb. Am 15. November 1877 wurde der Ring mit der Strecke von Schöneberg über Charlottenburg nach Moabit geschlossen. Da der 1871 eröffnete Bahnhof am Werdauer Weg ungünstig gelegen war, eröffnete die Bahn 1881 einen Haltepunkt an der Kolonnenstraße, der später zum Bahnhof ausgebaut wurde. 1932/33 bekam er den Namen „Kolonnenstraße". 1943 wurde er geschlossen. Reste des Bahnsteiges zwischen Kolonnen- und Langenscheidtstraße sind noch heute von der S-Bahn aus zu sehen.

Bahnhof Schöneberg in der Kolonnenstraße, um 1900

Die Tauentzienstraße vor dem Bau des KaDeWe

Im Zuge der Eröffnung der Wannseebahn richtete man 1891 den Bahnhof Großgörschenstraße ein. 1897 wurde der Bahnhof Ebersstraße eröffnet. Das alte Empfangsgebäude an der Ebersstraße 67 steht heute noch. 1901 kam der Bahnhof Papestraße, 1903 der Bahnhof Yorckstraße hinzu. Zunächst hatte man allerdings bei dem Namen „Yorck" sowohl auf den Straßenschildern als auch auf dem Bahnhofsschild das „c" vergessen. Das wurde erst 1909 geändert. Der Name erinnert an den preußischen Feldmarschall der Befreiungskriege Hans David Ludwig Graf Yorck von Wartenberg (1759–1830).
Neben dem Bahnverkehr kamen aber zunächst noch vielfach Pferde zum Einsatz. So entstand 1873 auf dem Grundstück Hauptstraße 10–11, auf dem später die Vorbergstraße angelegt wurde, ein Pferdedroschkendepot, das bis zum Schwarzen Graben reichte. Später nutzte ein Pferdeeisenbahndepot den Hof. 1901/02 stellte die Pferdebahn ihren Betrieb ein, das Depot wurde aufgegeben. Einen zweiten Pferdebahnhof gab es in der Monumentenstraße 35, der seit 1900 von der Neuen Berliner Omnibus AG genutzten wurde. Früher waren hier in zwei Stockwerken bis zu 600 Pferde untergebracht.
Für die nun immer wichtiger werdende Straßenbahn errichtete man 1899 ein Depot in der Belziger Straße. Die drei Fahrzeughallen mit 24 Gleisen konnten 275 Wagen aufnehmen. 1964 legte man den Betriebshof still. Heute wird das Gelände vom Fuhrpark Berlin genutzt, außerdem bringt die Polizei hier sichergestellte Fahrzeuge unter.

Industrie

Viele Schöneberger Betriebe waren zunächst in den Gewerberäumen der Hinterhöfe in den Mietskasernenvierteln angesiedelt, in etlichen Fällen reichte der vorhandene der Platz nicht aus zur Expansion. Im Zuge der Randwanderung der Industrie entwickelte sich im Bereich des Tempelhofer Weges ein Industriegebiet. Es waren dort noch ausreichend Freiflächen und außerdem ein Gleisanschluß vorhanden. So nimmt es nicht Wunder, daß hier die großen Energieversorgungsunternehmen wie das Gaswerk angesiedelt wurden. Das von einer englischen Gesellschaft 1871 gebaute Werk ging während des Ersten Weltkrieges durch Zwangsliquidation in deutsche Hände über. Da Berlin seit 1985 mit sibirischem Erdgas versorgt wird, ist zwar der letzte von ursprünglich vier Gasometern von 1910 überflüssig, steht aber unter Denkmalschutz. Das Werksgelände an der Torgauer Straße ist allerdings eine ökologische Altlast, verseucht mit Teer und Ammoniak.

Das Elektrizitätswerk lag an der Ringbahn zwischen Goten- und Naumannstraße. Eröffnet 1898/99, wurde es Ende der dreißiger Jahre nur noch für Heizzwecke – z. B. für den Flughafen Tempelhof – genutzt. 1958 legte man das Werk endgültig still, der Abbruch erfolgte in den sechziger Jahren.

Nach dem Ersten Weltkrieg wurde das bis dahin ausschließlich dem Militär vorbehaltene Gelände östlich der Naumannstraße für die industrielle Nutzung freigegeben. Dieses Gebiet liegt westlich der Anhalter Bahn, das Industriegebiet zog sich südlich vom Sachsendamm an der Ostseite des Bahngeländes entlang. Hier lagen auch die Reparaturwerkstätten der Berlin-Anhalter Eisenbahngesellschaft; 1896 waren dort 1.162 Arbeiter beschäftigt. Südlich davon hatte sich der Betrieb von „Schwarzkopf" niedergelassen. Auch die Geschichte dieser Firma begann mit einem kleinen Ladengeschäft. Hans Schwarzkopf betrieb in der Passauer Straße in Charlottenburg seit 1898 eine Drogeriewaren- und Parfümeriehandlung. Die Entwicklung eines eigenen Haarreinigungs- und anderer Körperpflegemittel ließ die Firma immer weiter expandieren. Man brauchte ein großes Produktionsgelände, an der Alboinstra-

Gasometer 1998

Firma Mix & Genest am Sachsendamm, 1908

ße 36–42 wurde man fündig. Carl Mackensen entwarf um einen Innenhof einen fünfgeschossigen Fabrikationstrakt mit seinem charakteristischen Turm und Verwaltungsteil. Die Anlage entstand 1928 – 30, für die Fassade verwendete man dunkelrotbraune Klinker. Im Krieg wurde das Stammwerk stark zerstört. Es entstand zwar an alter Stelle neu, Hauptverwaltung und Produktionsteile wurden jedoch später nach Hamburg verlegt. Heute nutzen verschiedene Firmen das alte Betriebsgelände.

Der Betrieb von „Schlüter-Bärenbrot" liegt in der Eresburgstraße 24–27. Die Brotfabrik war 1913 auf dem Gelände der Schüttmühle an der Moabiter Stromstraße gegründet worden; 1928 wurde die modernere Anlage an der Eresburgstraße bezogen. Mitte der fünfziger Jahre fusionierte Schlüter mit der Bärenbrotfabrik. Die beiden vollautomatischen Schrippenstraßen hatten eine Leistung von 3.000 Stück pro Stunde. Drei Jahre später wurde ähnliche Anlage zur Kuchenherstellung in Betrieb genommen.

Ebenfalls in diesem Gewerbegebiet liegt die Schultheiss-Mälzerei. Am Standort einer älteren Malzherstellung wurde 1914 mit dem Neubau einer modernen Mälzerei in der Bessemerstraße 2–14 begonnen. Der Bau der Anlage, die nach den Plänen des Architekten Schlüter entstand, war 1917 beendet. Das rote, sechsgeschossige Hauptgebäude mit dem hohen Walmdach und den vier auffallenden Dunstschloten ist ein be-

Fabrikationsraum der Optischen Anstalt C. P. Goerz, um 1890

kannter städtebaulicher Orientierungspunkt. 1958 – 63 wurde das Werk noch einmal erweitert.
Auf dem Gelände Bessemer-/Ecke Eresburgstraße entstand 1923 – 24 nach Entwürfen von Otto Schröder eine Fabrikanlage für Rechenmaschinen. Die Ludwig Spitz & Co. GmbH, der die Fabrik gehörte, verkaufte die Firma nach dem Zweiten Weltkrieg an die Isophon-Werke. Dieser Betrieb, 1929 gegründet, stellte zunächst Kondensatoren, später Lautsprecherboxen her. Auch heute noch werden in der Schöneberger Bessemerstraße Lautsprecherbausätze gefertigt.
Die 1899 von Paul Thom gegründete Bauklempnerei siedelte sich 1904 in der Bennigsenstraße 23 – 24 an. Der östliche Gebäudeflügel entstand 1907. Auffallendstes Element ist die bronzene Fassadenskulptur eines Schmieds, der Züge des Firmengründers trägt. Das Arbeitsfeld des Unternehmens umfaßt Arbeiten der Metallbildhauerei (z. B. Kirchturmuhren) sowie sämtliche Metallarbeiten im Baubereich wie Dachfensterkonstruktionen oder Entwässerungsanlagen. In dem Gebäude wird noch heute produziert.
Schließlich ist noch die Firma Mix & Genest zu nennen: Im Jahre 1879 gründete der Maschinenbauingenieur Werner Genest zusammen mit dem Kaufmann Wilhelm Mix eine Fabrik zur Herstellung elektrischer Nachrichtengeräte. Schon bald wurden weitere Niederlassungen gegründet, darunter auch 1893 das noch heute existierende Fabrikge-

bäude in der Bülowstraße 67, wo um die Jahrhundertwende etwa 1.000 Mitarbeiter beschäftigt waren. Zwischen 1905 und 1907 wurde die gesamte Fabrikation an der Papestraße konzentriert. Viele Berliner, deren Wohnungsklingel von Mix & Genest stammte, nannten die Firma scherzhaft „Mist & Gehtnich“. Nach Kriegszerstörungen und Demontagen wurden große Teile der Produktion nach Westdeutschland verlagert. Das Unternehmen ging 1959 in den Besitz der amerikanischen Standard-Elektrizitäts-Gesellschaft AG über, ihr ausgedehnter Gebäudekomplex wird heute als Gewerbehof genutzt.
Allerdings gab es in Schöneberg auch Firmen, die mitten im Wohngebiet ihren Standort hatten. Dazu gehörten die Goerz-Werke in der Rheinstraße. Paul Goerz, der 1886 einen Versand für mathematische Instrumente und photographische Apparate eröffnet hatte, zog 1889 zunächst in die Hauptstraße 7a um. Die „Optische Anstalt C.P. Goerz“ wuchs, und so verlagerte man 1894 noch einmal den Firmensitz, diesmal in die Hauptstraße 150. Bald hatte die Firma, die nun fast ausschließlich Objektive herstellte und weltweit verkaufte, 200 Beschäftigte. Ab 1897 begann der Bau eines großzügigen Neubaus an der Friedenauer Rheinstraße 44–45. Das Werk wurde mehrmals baulich stark vergrößert. Nach dem Ersten Weltkrieg (die Goerz-Werke hatten auch optische Geräte für den Kriegseinsatz produzierte) zog das Unternehmen nach Zehlendorf an den Teltowkanal um. Später ging es in der Zeiss Ikon AG auf. Heute werden die ehemaligen Goerz-Gebäude in Friedenau von Firmen unterschiedlicher Art und Größe genutzt. Das heute noch in der Straßenflucht stehende viergeschossige Gebäude in der Rheinstraße wurde 1898 als städtisches Bürgerhaus errichtet, das sich westlich anschließende Haus ist 1914 in Stahlbetonskelettbauweise entstanden. An den Fensterbrüstungen befinden sich die drei Portraits von Daquerre, Helmholtz und Gauss. Das kleine zweigeschossige Werkstattgebäude hat reichen, figurativen Reliefschmuck.

Das grüne Schöneberg

Nachdem von Mietskasernen, Verkehrs- und Industrieanlagen die Rede war, soll auch das „grüne Schöneberg“ dokumentiert werden. Der Kleistpark, der Rudolph-Wilde-Park, der Lassenpark und die Schrebergärten auf dem Südgelände sind wichtige grüne Lungen in der Stadt. Der Heinrich-von-Kleist-Park zwischen Potsdamer-, Pallas-, Elßholz- und Grunewaldstraße geht zurück auf das Jahr 1679, als der Große Kur-

Das Großes Palmenhaus des Botanischen Gartens am Kleistpark, erbaut 1858

fürst aus dem Hopfen- und Küchengarten bei Schöneberg einen Botanischen Garten anlegen ließ, der 1718 der „Societaet der Wissenschafften" unterstellt wurde. 1858 wurde das erste große Palmenhaus errichtet. Zwischen 1878 und 1880 entstand an der Grunewaldstraße ein Botanisches Museum. Es nahm die auf verschiedene Standorte verteilten Pflanzensammlungen auf. Heute befindet sich das Kunstamt in dem Gebäude. Um 1880 zählte man über 17.000 kultivierte Pflanzenarten und 36 Gewächshäuser.

Die Königliche Gärtnereilehranstalt gegenüber dem Botanischen Garten wurde 1823 in einem angekauften Haus eingerichtet, das etwa an der Hauptstraße 161–163 stand. Da der Betrieb aber zu teuer und das Gebäude zudem zu klein war, wurde die Lehranstalt 1853 geschlossen und nach Potsdam verlegt. Das Schöneberger Grundstück an der Haupt/Ecke Großgörschenstraße, das bis zur Potsdamer Bahn reichte, wurde 1858 an den Zimmermeister und Berliner Stadtrat Carl August Sommer verkauft, der sich später in dem großen Park eine repräsentative Villa errichten ließ. Schon 1889 wurde der Park verkauft, parzelliert und mit rund 50 Mietshäusern beiderseits des Willmanndamms bebaut.

Im Jahre 1899 war mit der Verlegung des Botanischen Gartens und des Museums nach Dahlem/Lichterfelde begonnen worden. Die beengten Verhältnisse, die immer schlechter werdende Luft und die dürftigen Belichtungsverhältnisse durch die zunehmende Umbauung in Schöne-

berg waren ausschlaggebend für diese Entscheidung. Finanziert werden sollte der Umzug mit dem Verkauf des alten Gartens. Öffentliche Proteste verhinderten das Vorhaben. Schon 1896 hatte Alfred Kerr notiert: *„In diesen nahenden Frühling, der nicht nahen will, fallen die Verhandlungen um den botanischen Garten. Auch er ist, so könnte ich fortfahren, ein Stück Frühling im Häusermeere Berlins; es wäre nicht einmal ganz falsch. Draußen, wo die Potsdamer Straße sich ihrem Ende zuneigt und Schöneberg zu beginnen beginnt, das unerhörte Millionärdorf mit seiner Masse von fünfstöckigen Häusern, liegt er mitten in einem Riesencarré von neuen, hohen Wohngebäuden, durch eine rötliche Mauer eingefaßt; und auf allen vier Seiten blicken von den Balkons und aus den Fenstern ungezählte Naturgenüßlinge, Rentiers, Hauswirte und Grundstückspekulanten auf diesen viereckigen Fleck Erde – der fünfzehn Millionen Mark kosten soll, wie jetzt im Abgeordnetenhause festgestellt worden ist. Der botanische Garten hat in seiner Mitte ein Palmenhaus, nicht ganz so schön wie das zu Frankfurt, doch recht ansehnlich, und zahlreiche andere Treibhäuser. Aber das wesentlichste sind die Bänke draußen. Auf ihnen sitzen mit verbotenen Romanen die Töchter der umliegenden Hausbesitzer, auch unverstandene Mädchen aus dem sonstigen Potsdamer Viertel, auch Witwen ... und hie und da eine Kellnerin, die ihren freien Tag dazu benutzt, an einer Pinie den jüngsten Verehrer im Havelock zu erwarten ... Auch im Winter schreiten pensionierte Offiziere, die meist vor Langeweile wütend sind, zwischen den Beeten des botanischen Gartens entlang, und so dient dieses rotgemäuerte Institut den mannigfachsten Neigungen und Sehnsüchten. Jetzt freuen sich die Beteiligten, die Romantöchter, die unverstandenen Jungfrauen, die bissigen Witwen, die stellungslosen Schauspieler, die verliebten Kellnerinnen, die wütenden alten Offiziere und vor allem die nachbarlichen Grundstückspekulanten, daß die Bebauung des Gartens nicht beschlossene Sache ist und daß die Sitzung der Abgeordneten ihnen fröhliche Hoffnung für den Frühling offengelassen hat. Sie freuen sich und lancieren, soweit sie des Schriftstellerns kundig sind, mit gedoppelter Energie Artikel in die Blätter, worin die Wegnahme dieses Platzes als ein Eingriff in die heiligen Rechte zweier Nationen hingestellt wird: der Schöneberger und der West-Berliner.“*[13]
Der Protest war massiv, und so wurden später nur die Ränder bebaut. Einige alte Bäume – ein seltener Zürgelbaum, einen Sumpfzypresse und eine mächtige Weißpappel – erinnern heute noch an den Botanischen Garten.
Das alte Gartengelände erhielt 1911 den Name Heinrich-von-Kleist-Park. Den repräsentativen Eingang bilden die Königskolonnaden, die 1777 – 1780 von Karl von Gontard entworfen und zunächst am Alexanderplatz aufgestellt wurden. 1910 mußten sie dem Neubau des Kauf-

Heinrich-von-Kleist-Park, Königskolonnaden und Kammergericht

hauses Wertheim weichen, weshalb man sie als aufwendig gestaltetes Entrée an den Zugang zum Kleistpark verlagerte. Die Kolonnaden wurden in den fünfziger Jahren und zuletzt um 1980 restauriert. Gegenüber entstand 1911–13 das Kammergericht, hier fällte der Volksgerichtshof unter Vorsitz von Freisler die Todesurteile gegen die Attentäter vom 20. Juli 1944. Nach dem Zweiten Weltkrieg war das Gebäude Sitz des Alliierten Kontrollrats und der Luftsicherheitszentrale. Außerdem wurde hier am 3. Juni 1972 das Viermächteabkommen über Berlin unterzeichnet.

Der zweite Schöneberger Park ist der große Rudolph-Wilde-Park. Er ging aus dem unbebauten Großen Fenn zwischen Dominicusstraße und Wilmersdorf hervor, durch den früher der Schwarze Graben floß. Moor- und Torfschichten, die 15 bis 30 Meter in die Tiefe reichten, machten eine Bebauung unmöglich. Um die Jahrhundertwende hatten sich hier Kleingärtner und Lagerplätze für Baumaterialien ausgebreitet. Zeitgleich mit dem U-Bahnbau 1908 begann man mit der Anlage eines Stadtparks. Zwar blieb die Rinne des Großen Fenn erhalten, doch es wurde viel Erdreich aufgeschüttet, das zum Teil durch den Erdaushub für die U-Bahn anfiel. Jeden Tag wurde Sand angefahren und abgeladen und versank dann im Moor. Diese Prozedur wiederholte sich so oft, bis der Untergrund zwar nicht für eine Bebauung, aber für Bewuchs tragfähig wurde. Zeitweilig waren bei der Trockenlegung des Fenn rund 500

Die U-Bahn-Station vom Volkspark Schöneberg aus, im Hintergrund der Turm des Rathauses

Arbeiter beschäftigt. Etwa 500 ausgewachsene Laubbäume wurden gepflanzt. Um 1910 waren die Arbeiten im östlichen Schöneberger Teil beendet, während das Projekt im benachbarten Wilmersdorf erst 1913 in Gang kam. Der westliche Teil war nach den Plänen von Gartendirektor Fritz Enckes entstanden, der auch für die Gestaltung des Viktoria-Luise- und des Bayerischen Platz verantwortlich zeichnete. Der östliche Parkteil wurde nach Plänen des Gartenbauingenieurs Grossmann angelegt. Das U-Bahnhof-Gebäude der Station „Rathaus Schöneberg“ quert den Park und wirkt wie eine Orangerie, weil die Fenster hier durch die Talung des Geländes über der Erde liegen. Der Bau stammt von Emil Schaudt, der auch das KaDeWe entwarf. 1963 erhielt der Park den Namen des ehemaligen Schöneberger Bürgermeisters Rudolph Wilde. Die Geschichte des Heinrich-Lassen-Parks beginnt 1925, als sich eine Bebauung der parkähnlichen Villengärten zwischen Haupt- und Belziger Straße abzeichnete. Anwohner und Kommunalpolitiker bemühten sich um eine Erhaltung als Grünanlage, insbesondere wegen des wertvollen Baumbestandes. Die Eigentümer schöpften jedoch alle rechtlichen Mittel dagegen aus, weil ein Verkauf als Bauland großen Profit erbracht hätte. Erst 1953 konnte die Grünanlage eingeweiht werden. Die Pläne stammten vom Baustadtrat Heinrich Lassen (1864–1953), dessen Namen der Park heute trägt.

Laubenfest auf dem Südgelände, 1912

Das sogenannte Südgelände liegt im Südosten des Bezirks. Kernstück war ein großer Verschiebebahnhof etwa zwischen Sachsendamm und Prellerweg. Heute erinnert nur noch der 50 Meter hohe Wasserturm von 1927 daran, der die Dampflokomotiven mit Wasser versorgte. Östlich ist dieses heute zugewachsene Gebiet von Industriebetrieben flankiert, westlich von einem großen Kleingartengebiet. Die ersten „wilden" Laubenpieper siedelten sich um die Jahrhundertwende auf dem großen, unbebauten Gelände an. Ausschlaggebend war dabei damals weniger der Wunsch nach einem Wochenendgrundstück, sondern die Versorgung mit frischem Obst und Gemüse. Zwar wurde bereits 1884 am Sachsendamm 55–64 der erste Kleingartenverein gegründet, der mit seinen 27 Parzellen noch heute existiert. Die Mehrzahl der über 20 Vereine aber entstand zwischen 1909 und 1971. Ende der dreißiger Jahre galt das Areal zwischen Sachsendamm und Prellerweg mit seinen 4.500 Gärten als eine der größten zusammenhängenden Kleingartenanlagen Deutschlands. Heute zählt man immerhin noch weit über 2.000 Parzellen. Damit gehört das Südgelände zu den größten zusammenhängenden Laubenkoloniegebieten Berlins. Dabei war diese „Grüne Lunge" oft in Gefahr. So wollte ein amerikanisches Bankenkonsortium 1926 dort 15.000 Wohnungen errichten. Das Projekt kam aber, sehr zur Freude der Laubenpieper, nie über die Planungsphase hinaus.

Das Kielgansche Viertel

Schöneberg erlebte drei große Phasen von Siedlungsgründungen: Die mittelalterliche, in der das Dorf gegründet wurde, die friderizianische, in der die böhmische Siedlung entstand, und ab 1870 die Gründung neuer Vororte.

Die großstädtische Bebauung begann ausgehend von der Potsdamer Straße und den Nebenstraßen sowie rund um den Nollendorfplatz. An dessen Nordseite entstand ab 1868 zunächst das sogenannte Kielgansche Viertel, das ganze Gegenteil von Mietskasernenquartieren. Der Gärtner, auf den der Name dieses Viertel zurückgeht, hieß einer Legende zufolge eigentlich Georg Friedrich Kielian (1807–1876). Das mundartliche „Kieljan“ wandelte sich im Schriftdeutsch schließlich zu „Kielgan“. Dieser Kielian hatte für seine zuvor gärtnerisch genutzten Ländereien mittels Bebauungsplan und grundbuchlicher Eintragungen den Bau von höchstens dreigeschossigen Landhäusern durchgesetzt. Durch die Anlage zahlreicher Stichstraßen wurde eine Bebauung mit Quer- und Seitengebäuden unmöglich gemacht, und so entstand im Bereich Maien-, Ahorn- und Kielganstraße ein exclusives Wohnviertel. Wer sich dort

Menzelstraße/Ecke Peter-Vischer-Straße, 1901

einkaufen wollte, brauchte die Zustimmung aller umliegenden Eigentümer. Kielgan selbst wohnte in der Kurfürstenstraße 137. Von den ursprünglich 65 Landhäusern jener Zeit ist nur noch etwa ein halbes Dutzend erhalten. Die Villa Bunsen in der Maienstraße 1 wurde beispielsweise 1960 gesprengt. Das Haus des Parlamentariers von Bunsen, von diesem 1869 erworben, war einst ein Zentrum geistigen und gesellschaftlichen Lebens in Berlin. Seine Tochter Marie von Bunsen war Malerin und Schriftstellerin. Ihr Roman „Gegen den Strom" von 1893 schildert stimmungsvoll das damalige Berlin. In ihren Erinnerungen „Die Welt, in der ich lebte" von 1929 beschreibt sie das elterliche Haus und die nähere Umgebung:

„Im Jahre 1869 kaufte mein Vater in Berlin das große Doppelgrundstück Maienstraße 1. Es lag in dem von Rodenberg in ‚Klostermanns Grundstück' beschriebenen Kielganschen Villenterrain, dieses wurde damals aufgeteilt, die Straßen wurden angelegt. Ich sehe noch den steinreich gewordenen Kielgan, einen dicken, nachlässig gekleideten Bauern mit roter Nase und schlauem Lächeln, Ecke der jetzigen Motz- und Kurfürstenstraße an seiner Haustür stehen. Während unser Haus gebaut wurde, bewohnten wir die Villa Romana, das Endhaus der eine Sackgasse bildenden, nur aus fünf Häusern bestehenden Maienstraße. Von unserem Schulzimmerfenster sahen wir auf eine unermeßliche Fläche, auf der Luftlinie dehnte sich der dunkle Grunewaldstreifen, nach Süden zu erhob sich der von mir bewunderte Umriß der Wilmersdorfer Mühle. Auf dem heutigen Nollendorfplatz bauten wir Wasserfestungen, wir rasten, pferdespielend, auf dem Lützowplatz und fast bis zur Bendlerbrücke, fast bis zum Zoologischen Garten umher."[10]

Auch der 1990 verstorbene Theaterkritiker Friedrich Luft wohnte hier. Sein einstiges Wohnhaus, die Backsteinvilla in der Maienstraße 4, steht noch heute. Das Gebäude wurde zwischen 1869 und 1872 noch von Kielgan selbst als eines der ersten Häuser erbaut. Ursprünglich war es eine Doppelvilla, deren linke Hälfte (Maienstraße 5) kurz nach Fertigstellung teilweise abbrannte. Das Haus wurde wieder instandgesetzt, bis es im Zweiten Weltkrieg den Bomben zum Opfer fiel. Obwohl es 1947 und 1956 konkrete Wiederaufbaupläne gab, wurde es zwischen 1956 und 1960 schrittweise abgerissen. So bekam die Luftsche Villa 1963 ein vierstöckiges, schmuckloses Mietshaus als Nachbar. Das rechte Nachbarhaus, Maienstraße 3, stammt ebenfalls von 1869. Ein Beispiel für eine jüngere Villa ist das Haus Ahornstraße 4 von 1905/06.

Die erwähnten Häuser in der Maienstraße entstanden nach Plänen von Otto Wuttke, der auch das Gebäude Derfflingerstraße 9 entwarf. Es wurde zwar 1872 für den Baron Helmut Ludwig Wilhelm von Maltzahn-

Prominenter Bewohner des Kielganschen Viertels: Friedrich Luft, 1968

Gültz gebaut, aber nach seinem Architekten „Wuttkesche Villa" genannt. Seit 1974 beherbergt das alte Gebäude Teile einer noch viel älteren Einrichtung: das Französische Gymnasium, dessen Anfänge in das Jahr 1689 zurück reichen.

Friedenau

Nach dem deutsch-französischen Krieg von 1870/71 wurde Berlin Hauptstadt des neu geschaffenen deutschen Kaiserreiches. Der damit im Zusammenhang stehende vermehrte Zuzug neuer Bewohner belebte das Baugeschäft. Zahlreiche neue Baugesellschaften kauften Land auf und bebauten es. Eine dieser Gesellschaften war der 1871 gegründete „Landerwerb- und Bauverein auf Aktien", dessen Vereinsziel der Bau preiswerter Häuser für den Mittelstand war. Das dazu nötige Land beiderseits der Berlin-Potsdamer Chaussee zwischen Schöneberg und Steglitz, das damals noch zum Gutsbezirk Deutsch-Wilmersdorf gehörte, kaufte man in zwei Schritten vom Immobilienmakler Carstenn, der u. a. die Villenkolonie Lichterfelde gründete und seit 1865 große Flächen vor allem südwestlich Berlins aufgekauft hatte. Als Verbindungsstraße zwischen seinen Ländereien ließ Carstenn 1872–74 die 30 Meter breite Kaiserstraße anlegen. 1890 wurde aus der Straße eine Allee und 1950 aus der Kaiser- die Bundesallee.

Das Friedenauer Gelände war vor seiner Bebauung eine ebene, nach Süden leicht ansteigende Fläche ohne Bewuchs. Zügig wurde es parzelliert, wurden Straßen angelegt und mit Entwässerungsrohren, Bäumen und teilweise mit Pflasterung ausgestattet. Bereits am 10. November 1871 konnte für die ersten beiden Friedenauer Häuser in der Dickhardtstraße 3 und 5 Richtfest gefeiert werden. Sie existieren heute nicht mehr. Im April 1872 wurden die ersten drei Gebäude bezogen. Im Oktober waren bereits zwölf Häuser fertiggestellt und 42 weitere im Bau. Was aus den ersten Häusern Friedenaus geworden ist, läßt sich exemplarisch am Haus Dickhardtstraße 18 verfolgen. Hier errichtete sich der Rentier Reim 1874 eine Villa. 1894 war anstelle der Villa ein vierstökkiges Wohnhaus mit zwei Seitenflügeln geplant, aus unbekannten Gründen wurde das Vorhaben aber nie verwirklicht. Den Zweiten Weltkrieg überstand die Villa weitgehend unbeschadet. In den fünfziger Jahren war dort ein Mädchen-Lehrlingswohnheim untergebracht, in den Sechzigern wurde das alte Gebäude abgerissen, und das Grundstück ist heute Teil der Fläming-Grundschule. Das Haus Dickhardtstraße 31, erbaut 1873, ist zwar noch erhalten, aber auf seinem Hof befinden sich heute eine Tankstelle und eine Kfz-Werkstatt mit etlichen Garagen, so daß der Villencharakter kaum mehr zur Wirkung kommt. Im Oktober 1873 zählte Friedenau bereits 44 Wohnhäuser mit 540 Bewohnern. Die durchschnittliche Bewohnerzahl von zwölf Personen pro Haus zeigt, daß es sich nicht nur um Einfamilienhäuser gehandelt haben kann. Erst nach 1890 steigt die durchschnittliche Zahl der Hausbewohner auf 20 an, was auf den Bau von Mietshäusern hinweist. Zunächst fehlte es allerdings an Schulen und Kirchen, Einkaufsmöglichkeiten und an einer guten Verkehrsanbindung nach Berlin, wo die meisten Friedenauer arbeiteten. So gründete sich im Oktober 1872 der „Gesellige Verein“, der sich ab August 1873 „Gemeinnützige(r) Verein“ nannte. Er setzte sich für die Belange der Friedenauer ein und

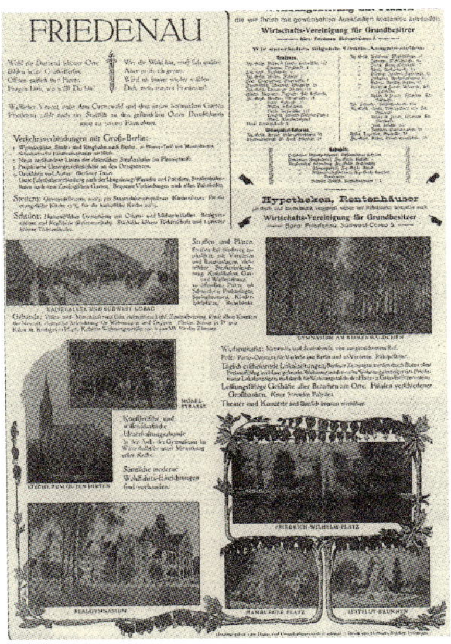

Friedenau-Werbung, um 1910

sorgte beispielsweise auch für die Einrichtung einer Nacht- und Feuerwache sowie für die Eröffnung einer Poststelle.
Am 1. November 1874 bekam Friedenau eine Haltestelle an der Potsdamer Bahn. Das Stationsgebäude, ein einfacher Fachwerkbau an der Baumeister-/Ecke Bahnstraße, steht äußerlich fast unverändert noch heute. Der Bahnhof befindet sich allerdings nicht auf Friedenauer, sondern auf Schöneberger Gebiet. Ähnlich verhält es sich mit der zweiten Haltestelle, die am 15. November 1877 an der Ringbahn eröffnet werden konnte. Diese Station lag zwischen den heutigen S-Bahnhöfen Innsbrucker und Bundesplatz, genau auf der Friedenauer Grenze zu Wilmersdorf, und trug daher auch den Namen „Wilmersdorf-Friedenau".
Die 141 Hektar große Siedlung wurde schließlich am 9. November 1874 vom damaligen Gutsbezirk Deutsch-Wilmersdorf abgetrennt und zur selbständigen Landgemeinde erhoben. Erst 1920 wurde sie ein Teil von Schöneberg. Der Name „Friedenau" soll an den Frankfurter Frieden von 1871 erinnern. Das Rathaus, eine Verwaltungsstelle, befand sich seit 1875 zunächst in der 1873 eröffneten Roennebergschen Mädchenschule in der Moselstraße 5. Ab 1892 verlegte man die Verwaltung in die Schnackenburgstraße 8/Ecke Handjerystraße 90.
Bis 1875 stieg die Zahl der Einwohner auf 1.104 (288 Haushalte). Während aber zwischen 1880 und 1895 pro Jahr etwa 20 neue Wohnhäuser entstanden, waren es im gesamten Zeitraum zwischen 1875 und 1880 nur 15: durch den sogenannten „Gründerkrach" waren viele Unternehmen durch die hohen Hypothekenschulden bankrott gegangen. Auch mangels Kapital mußte man vielerorts die Bautätigkeit einstellen, da die Baupreise und Arbeitslöhne unaufhörlich stiegen.
Heute gibt es noch etwa 25 denkmalgeschützte Landhäuser in Friedenau, fast alle aus den achtziger Jahren des 19. Jahrhunderts, die meisten in der Handjery- und Niedstraße. Einige der Gebäude in der Gegend zwischen Friedrich-Wilhelm-Platz und Rheinstraße stammen von dem Architekten Max Nagel, wie zum Beispiel die Landhäuser Niedstraße 13 und Schmargendorfer Straße 15, beide 1882 erbaut.
Am 22. März 1879 wurde auf dem Rondell an der Mosel-, Saar- und Illstraße unter großer Anteilnahme der Bevölkerung die sogenannte Kaiser-Eiche gepflanzt. Anlaß war das Fehlschlagen zweier Atttentate auf den Kaiser und König. Der Baum fiel aber, wie es in einer Schrift von 1913 heißt, *„bübischer Hand zum Opfer und der zum Ersatz verpflanzte Baum kränkelte bald und ging schließlich ein. Erst einige Zeit darauf wurde ein dritter Baum gesetzt, der sich kräftig entwickelte und heute unser aller Freude ist."*[11] Der Baum, 1883 gepflanzt, steht noch heute.

Friedenau wurde schnell populär. Seit etwa 1880 kursierte das Friedenau-Lied, dessen Verfasser und Komponist unbekannt ist:
„Komm mit nach Friedenau, da ist der Himmel blau,
da tanzt der Ziegenbock mit seiner Frau Galopp,
da lacht der lieben Kuh der Ochs so freundlich zu.
Komm mit nach Friedenau, da ist der Himmel blau."

Noch im Jahre 1891 dürften Ziegenbock, Ochs und Kuh in Friedenau zu finden gewesen sein. Zumindest muß die Landwirtschaft noch floriert haben, denn es wurden in jenem Jahr 12,4 ha Winterroggen, 23,7 ha Hafer, 8,5 ha Rüben, Erbsen und Futterpflanzen und 25,5 ha Kartoffeln angebaut. Aber schon acht Jahre später hatte die Landwirtschaft keine nennenswerte Bedeutung mehr.
Der Charakter Friedenaus als Landhauskolonie war nur durch grundbuchlich eingetragene Baubeschränkungen gesichert, nicht jedoch durch baupolizeiliche Verordnungen. Die Käufer der Grundstücke verpflichteten sich gegenüber der Friedenauer Terrain-Gesellschaft zunächst zur Einhaltung dieser Baubeschränkungen. Die Gesellschafter waren aber die Grundbesitzer selbst, und diese hoben die Baubeschränkungen später auf, so daß der Bau mehrstöckiger Mietshäuser möglich wurde. Hinzu kam, daß die neue Bauordnung von 1887 auch für die Umgebung von Berlin galt und zunächst fünf Wohngeschosse zuließ,

Die Kaisereiche, um 1925

was bedeutete, daß eine maximale Bauhöhe von 22 Metern und geschlossene Höfe möglich wurden. So begann 1895 der Abriß Friedenauer Villen. Während aber die ersten Landhäuser der Spitzhacke zum Opfer fielen, entstanden 1900 und 1902 noch je zwei neue Villen.
Immer wieder gab es Versuche, alte Villen zu beseitigen. Bekannt wurde der Fall der sogenannten „Burg". Das verwinkelte Landhaus am Friedrich-Wilhelm-Platz, das 1885 erbaut wurde und sich durch eine Mischung verschiedenster Stile auszeichnet, sollte 1980 einem Neubau weichen. Öffentliche Proteste verhinderten den Abbruch. Statt dessen wurde das Haus zu einem Jugendzentrum ausgebaut.
Die Bauordnung von 1892, die die Bebauung außerhalb der Ringbahn regelte, reduzierte zwar die Anzahl der Geschosse auf vier und die Höhe der Häuser auf 18 Meter, dennoch war die Idee der Villenkolonie damit hinfällig. Ein „Verein der Gartenfreunde" aber setzte durch, daß viele Mietshäuser Vorgärten erhielten. 1986 wurde eine Rechtsverordnung erlassen, wonach der Abbruch, der Umbau oder die Änderung von baulichen Anlagen, die vor dem 31. Dezember 1939 errichtet wurden, versagt werden kann. So blieben die Landhäuser Saarstraße 14 von 1884 oder Handjerystraße 70 von 1885 zwar erhalten, sind aber heute zwischen vierstöckigen Mietshäusern eingezwängt
Ab 1881 richtete man auf dem Breslauer Platz einen Wochenmarkt ein. Das erleichterte das Einkaufen erheblich, denn viele Läden gab es noch nicht. Eines der ältesten Friedenauer Geschäfte wurde 1874 in der Lauterstraße eröffnet; der Uhrmachermeister Löbner hatte hier eine Werkstatt eingerichtet. In den folgenden Jahrzehnten wechselte das Geschäft, das sich heute in der Rheinstraße 56/59 befindet, immer wieder den Besitzer. Die erste Apotheke öffnete 1892 in der Rheinstraße 16. Die Rheineck-Apotheke in der Rheinstraße 40 gibt es „erst" seit 1909. Nicht zu vergessen die Bildgießerei von Hermann Noack, die, 1897 gegründet, in der Fehlerstraße 8 ansässig ist. Die Firma hat sich einen Namen gemacht, als sie 1957/58 die neue Quadriga des Brandenburger Tores anfertigte und auch 1990 die Reparatur übernahm.

Schulen, Kirchen, Vergnügungsstätten

Die erste Gemeindeschule wurde 1875 in der Ringstraße 49 (heute Stubenrauch-/Handjerystraße) eröffnet. Ein Jahr später konnte eine Villa in der Albestraße 32 für Schulzwecke angekauft werden. 1890 bezog die Schule ein neues Gebäude in derselben Straße. Nach der Jahrhundert-

wende kam es zu einem regelrechten Boom von Schulgründungen. So konnte 1903 nach zweijähriger Bauzeit das Friedenauer Gymnasium (heute Friedrich-Bergius-Realschule) auf dem Perelsplatz 6–7 eröffnet werden. Schüler waren hier auch der SPD-Politiker Egon Bahr, der CDU-Politiker Peter Lorenz, der Theaterkritiker Friedrich Luft und der Chefkommentator des DDR-Fernsehens Karl Eduard von Schnitzler, bekannt durch die TV-Sendung „Der schwarze Kanal".
Die Volksschule in der Rheingaustraße 7 (Stechlinsee-Grundschule) wurde 1905/06 erbaut. Ein zweites Gymnasium entstand 1909 an der Rubens-/Ecke Begasstraße (heute Uckermark-Grundschule). Es lag zwar auf Schöneberger Gebiet, wurde aber vor allem von Schülern aus Friedenau besucht. 1910 erfolgte die Einweihung des Realgymnasiums in der Homuth-/Ecke Schwalbacher Straße. Prunkstück der Schule (heute Rheingau-Gymnasium) war eine 800 Plätze umfassende Aula, die mit einer Orgel ausgestattet war und gleichzeitig als Bürgersaal diente. 1910/11 entstand die Königin-Luise-Schule (heute Paul-Natorp-Gymnasium) in der Goßlerstraße 13–15. Schließlich ist noch die heutige Ruppin-Grundschule in der Offenbacher Straße 5a zu nennen, die 1919 ihre Pforten öffnete. Zu dieser Zeit hatte Friedenau bereits 43.833 Einwohner.
In den Friedenauer Schulen mußten jahrelang Gottesdienste abgehalten werden, weil es keine Kirchen gab. 1883 entschloß sich die Gemeinde, den Friedrich-Wilhelm-Platz unentgeltlich für einen Kirchenbau zur Verfügung zu stellen. Obwohl von privater Seite außerdem noch ein Grundstück für das Pfarrhaus (1912 erbaut) an der Bundesallee/Ecke

Die Friedenauer Nathanael-Kirche

Goßlerstraße gestiftet wurde, kam es erst 1891 zur Grundsteinlegung. Der repräsentative Kirchbau „Zum Guten Hirten“ wurde am 10. November 1893 im Beisein der Kaiserin eingeweiht. Später wurde der Platz noch durch ein Denkmal bereichert: das Kaiser-Wilhelm-Denkmal, von einem Brunnen eingefaßt, wurde um die Jahrhundertwende feierlich enthüllt und fiel dem U-Bahnbau 1966 zum Opfer. Der dazugehörige Friedensengel steht heute im Magazin des Kunstamts Schöneberg.
1905 gründete sich die Gemeinde der Freikirche „Evangelische Gemeinschaft“. Ihre Versammlungsstätte in der Bornstraße wurde im Krieg zerstört. 1949 erbaute man die Friedenskirche in der Handjerystraße neu, 1961 kam ein Gemeindezentrum hinzu. Für die katholischen Gläubigen in Friedenau wurde 1913/14 die Kirche St. Marien errichtet. Sie liegt westlich der Laubacher Straße und damit eigentlich schon in Wilmersdorf. Der Friedhof in der Stubenrauchstraße wurde 1881 angelegt, Leichenhalle und Kapelle stammen aus den Jahren 1888/89. Auf diesem Friedhof ist auch Maria Magdalena von Losch begraben, bekannt als Marlene Dietrich, 1901 in Schöneberg geboren.
Das „Hohenzollern-Restaurant“ in der Handjerystraße 64 bot die Räumlichkeiten für Festgesellschaften, Vereine hielten hier ihre Sitzungen ab. Später war das Haus unter dem Namen „Hohenzollern-Lichtspiele“ das größte Kinematographen-Theater am Ort. In der Handjerystraße 42 be-

Rathaus Friedenau, 1943

fand sich das Restaurant „Zum Prinzen Handjery". Auch hier konnten Vereine tagen, und es gab ein separates Billardzimmer.

Der Sportpark Friedenau war eine Radrennbahn und befand sich seit etwa 1890 zwischen Bundesallee, Bismarckstraße, Handjery- und Varziner Straße. Hier wurden Wettkämpfe wie der Große Preis von Deutschland ausgetragen, wozu Tausende begeisterte Besucher kamen. 1899 startete hier eine spektakuläre Ballonfahrt, die im 300 Kilometer entfernten Buchholtz in Westpreußen endete. Im Jahre 1904/05 wurde die Radrennbahn geschlossen, das Gelände für 2.875.000 Mark an die Berlinische Boden-Gesellschaft verkauft und später mit Mietshäusern bebaut. Bundespräsident Theodor Heuss, von 1920–1929 Bezirksverordneter in der Schöneberger Bezirksverordnetenversammlung: *„Als ich nach Friedenau zog, lehnte sich an das Bahnhofsgelände die alte populäre Rennbahn. Als ich es nach zwei Jahren verließ, stand dort das ‚Wagnerviertel'..."*[12]

Als letzter Berliner Rathausbau der Kaiserzeit wurde am 18. Oktober 1913 der Grundstein für das Rathaus Friedenau gelegt. Es wurde 1915/17 fertig. Schon um die Jahrhundertwende hatte man den Bau eines neuen Rathauses geplant, aber andere finanzielle Verpflichtungen der Gemeinde, vor allem für Schulbauten, verzögerten das Projekt immer wieder. Der unregelmäßige Grundriß des Grundstücks wurde vom Architekten Hans Altmann durch Vor- und Rücksprünge ausgeglichen; der markante Turm des Rathauses wurde zum Blickpunkt mehrerer Straßenfluchten. Allerdings wurde die reiche Fassadengliederung 1935 beseitigt.

Um die Jahrhundertwende war Friedenau zwischen Friedrich-Wilhelm-Platz und der Wannseebahn fast komplett bebaut. Zwanzig Jahre später gab es in ganz Friedenau nur noch wenige freie Grundstücke.

Friedenau – Domizil von Künstlern und Politikern

Friedenau war etwa ab der Jahrhundertwende ein beliebter Wohnort des gehobenen Bürgertums, hier lebten Künstler, Wissenschaftler, Unternehmer und Politiker. So nahm sich der damalige Student Rainer Maria Rilke 1897 ein möbliertes Zimmer in der Rheingaustraße 8. Der Bildhauer Ernst Barlach wohnte 1908 in der Illstraße 4. (Das Haus steht nicht mehr, das Grundstück gehört heute zur Fläming-Grundschule.) Von 1892 bis zu seinem Tode 1920 wohnte der Komponist Max Bruch in der Albestraße 3. Dieses Haus gehörte übrigens dem Fabrikanten Albert Pfennig, der an der Albestraße 2–4/Ecke Lauterstraße 5–9 seine „Mayonnaisen- und Salatfabrik Porthmayonnais" unterhielt. Die Fabri-

kationsräume lagen vor dem Zweiten Weltkrieg auf dem Hof, Pfennig selber wohnte in seiner Villa Albestraße 1. Heute produziert die Firma als „Pfennigs Feinkostfabrik" in der Tempelhofer Ringbahnstraße.
Die Wohlthat'sche Buchhandlung, seit 1898 in der Rheinstraße 11 ansäßig, geht auf W. Wohlthat zurück, der in der Hedwigstraße 11 wohnte. Die zweite renommierte, alteingesessene Buchhandlung, die Nicolaische Buchhandlung, gibt es seit 1929 in der Rheinstraße 65. Andreas Wolff, Gründer der Buchhandlung Wolff's Bücherei, rief die Friedenauer Presse ins Leben, einen kleinen Verlag, der sich auf bibliophile Liebhaberausgaben spezialisiert hat. Seit 1931 gilt Wolff's Bücherei an der Bundesallee/Ecke Kundrystraße als literarische Institution, auch wegen der Lesungen, die hier regelmäßig stattfinden. Sicher wurden in den genannten Läden auch Bücher verkauft, deren Autoren ganz in der Nähe lebten. Zu nennen wären die Schriftsteller Max Frisch (Sarrazinstraße 8) oder Hans Magnus Enzensberger (Fregestraße 19). In der Niedstraße arbeiteten und wohnten Erich Kästner, der hier eine Zweitwohnung im Haus Nr. 5 hatte, und seit 1963 Günter Grass in Nr. 13. Nur ein Haus weiter (Nr. 14) lebte der expressionistische Maler Karl Schmidt-Rottluff, dessen Werke 1937 als entartet diffamiert wurden; in derselben Wohnung wohnte von 1959 bis 1968 der Schriftsteller Uwe Johnson. 1927 wurde das Gesangsensemble Comedian Harmonists in der Stubenrauchstraße 47 gegründet. Die Gruppe erlangte Weltruhm, ihre Lieder erlebten jüngst durch Kino und Theateraufführungen eine Renaissance.
Daß zahlreiche Prominente, wenn auch nicht immer zeitgleich, in einem Hause wohnten, mag das Beispiel Bundesallee 79 verdeutlichen. In dem 1911 erbauten Gebäude lebte seit 1914 der Publizist Theodor Wolff, der nach KZ-Haft 1943 im Jüdischen Krankenhaus in Moabit starb. Im selben Haus wohnte seit 1920 der Schriftsteller Kurt Tucholsky, bis er 1924 Korrespondent in Paris wurde. Ab 1936 lebte die Schauspielerin Carola Höhn dort. Sie spielte an vielen großen Theatern und wirkte in etwa 50 Filmen mit. Schließlich wohnte der Sozialdemokrat Otto Ostrowski bis zu seinem Tod 1963 in diesem Haus. 1946/47 war er Oberbürgermeister von Groß-Berlin.
Er war nicht der einzige bekannte Politiker, der in Friedenau zu Hause war. Die Sozialistin Rosa Luxemburg studierte Philosophie und Rechtswissenschaften in der Schweiz und kam 1898 nach Berlin. Von 1899 bis 1902 wohnte sie in der Friedenauer Wielandstraße 26, bis 1911 dann in der Cranachstraße 58, wo sie sogar von Lenin besucht wurde. Der spätere NS-Propagandaminister Joseph Goebbels wohnte in den zwanziger

Auf der Radrennbahn Friedenau, 1903

Jahren in der Fregestraße 76. Theodor Heuss lebte von 1918 bis 1930 in der Fregestraße 80. Nicht weit entfernt, in der Rubensstraße 118 (nicht mehr zu Friedenau gehörig), wohnte in den dreißiger Jahren Reichstagspräsident Paul Löbe. Eine Gedenktafel am Hauseingang erinnert daran. Zu den zahlreichen Wissenschaftlern, die in Friedenau lebten, gehörte der Afrikaforscher Prof. Karl Dove. Sein Domizil lag in der Fregestraße 7. Im Haus Nr. 8 wohnte Prof. Adolf Scheidt. Bevor er als Staatssekretär und Regierungsrat in die Politik wechselte, war er Hochschullehrer an der Technischen Hochschule in Charlottenburg.

Mit der Bildung von Groß-Berlin am 1. April 1920 verlor Friedenau seine Selbständigkeit und bildete zusammen mit Schöneberg den 11. Verwaltungsbezirk. Dazu das Gedicht von Carl Beer, das im Jahre 1924 veröffentlicht wurde:

„Mein Friedenau, wie war's doch schön,
als du noch ledig und – alleen,
seit du mit Schöneberg getraut,
bist du schon etwas – abgebaut!
Noch prangst du zwar in alter Pracht,
weil dir der alte Himmel lacht, –
noch übst du deine Zaubermacht
in Sonnenschein und Mondesnacht! –
Und wächst auch täglich dein Verkehr,
Und dräut Berlin auch noch so sehr:
Wir lieben dich zu jeder Stund' –
bist du auch fünfzig und ein wenig rund!"

Das Dorf um 1900

Schöneberg um die Jahrhundertwende

Mit dem Wachsen Berlins und der Ausweitung seiner Stadtgrenze an das Dorf Schöneberg stiegen die Grundstückspreise dort unaufhörlich. Bekam ein Bauer etwa um 1850 noch 100 Taler je Morgen, so erhielt er für seine Äcker auf der „Insel" 1873 für den Morgen 3.000 Taler in blanken Goldstücken. Einige Jahre später zahlte man für Grundstücke an der Hauptstraße schon 5.400 Taler je Morgen. In dem Buch „Das Gesicht der Epochen", das 1900 erschien, heißt es: „Schöneberg war damals als Millionärsdorf im ganzen Reich berühmt, der Schöneberger Millionsbauer eine Figur von Romanen und Lustspielen ..." Der Schöneberger Millionenbauer geht zurück auf das Theaterstück „Der Millionenbauer" von Max Kretzer, das 1891 erstmals in Berlin aufgeführt wurde. Sechs deutsche Theater spielten das Stück, sogar in Amerika wurde es fünfhundertmal aufgeführt. Wenn auch nicht alle Schöneberger Bauern zu Millionären wurden, so dürfte ihr Reichtum für die damalige Zeit beträchtlich gewesen sein. Es waren nicht nur die Landverkäufe, die Geld einbrachten, sondern es wurde auch mit den gewonnenen Summen, beispielsweise mit Aktien russischer Eisenbahngesellschaften, spekuliert.

Die Kleiststraße in Richtung Wittenbergplatz, um 1900

Schöneberger Bauern wurden jedoch nicht erst in den Gründerjahren reich. Diese Entwicklung hatte bereits in der ersten Hälfte des 19. Jahrhunderts durch Landverkäufe an das Militär und die Eisenbahn sowie durch die Verpachtung von Land an Gärtnereien eingesetzt. Sichtbares Zeichen dieses frühen Reichtums sind noch heute die fünf Villen an der Hauptstraße 40, 41 und 43–45 zwischen altem Stadtbad und Dorfkirche, die von 1865 bis 1879 entstanden. Die Villa in der Albertstraße 12 wurde erst 1891/92 erbaut.

Kaufhaus Joseph, 1931

In der ersten Hälfte des 19. Jahrhunderts siedelten sich im Dorfbereich von Schöneberg vermehrt Gärtnereien, Abmelk- und Fuhrbetriebe sowie Baugeschäfte an. Dazu entstanden drei- bis viergeschossige Wohnhäuser für Arbeiter, Angestellte und kleine Beamte mit ländlich anmutender Bebauung wie Schuppen, Ställen und Remisen. Solche umgebauten Stallgebäude kann man noch heute z. B. auf dem Automarkt an der Hauptstraße 133 und dem Hof des Hauses Hauptstraße 120 sehen. 1893 gab es in Schöneberg 21 Gärtnereien. Die Neumannsche Gärtnerei in der Feurigstraße 3 wurde 1900 mit einem Wohnhaus bebaut. In der Feurigstraße 65 lag die Gärtnerei Röder, zwei weitere Gärtnereien an der Hauptstraße: Nr. 125 der Betrieb von Lüdicke und Nr. 129 der von Sarre.

In der Dominicusstraße 7–9 bestand eine Molkerei, und bis in die achtziger Jahre des 19. Jahrhunderts wurde auf dem Kaiser-Wilhelm-Platz noch ein Bauernhof mit 20 Kühen bewirtschaftet. 1891/92 dann, als sich das großstädtische Platzverständnis wandelte, entstand hier ein gärtnerischer Schmuckplatz. Hatte man bis dahin auf wuchtige, repräsentative Sternplätze Wert gelegt, entstanden jetzt hübsche, reich bepflanzte Schmuckplätze. Beispiele sind der Viktoria-Luise-Platz (1900), der Wartburgplatz (1902/03), der Barbarossaplatz (1906) und der Bayerische Platz (1907/08).

Um die Jahrhundertwende eröffneten erste Warenhäuser in Schöneberg, so das Kaufhaus Joseph 1897 an Grunewald-/Ecke Hauptstraße oder 1906 das Kaufhaus Lesser an der Kolonnen-/Ecke Leberstraße. Zu den ältesten Geschäften zählt die Firma Hunold Bestattungen. Alfred Hunold eröffnete am 1. Oktober 1896 sein Sarggeschäft mit Tischlerei in der Goltzstraße 18. Viele Umzüge, Firmenerweiterungen, aber auch die totale Zerstörung des Betriebes am 23. November 1943 haben die Hunolds inzwischen hinter sich. Heute befindet sich das Geschäft in der Koburger Straße 9. Zu den alteingessenen Geschäften gehört auch die Feurig-Apotheke, die 1911 an der Albert-/Ecke Feurigstraße ihren Laden hatte. 1957 zog die Apotheke in die Hauptstraße 130, 1983 nach Nr. 131. Wie zukunftsweisend das Geschäftsleben in Schöneberg war, beweist das Geschäft von Radio Firschke, das 1922 in der Dominicusstraße gegründet wurde, obwohl die erste Rundfunksendung erst ein Jahr später ausgestrahlt werden konnte. 1932 erfolgte Firschkes Umzug in die Hauptstraße 60/61.

Auch in den Seitenstraßen hatte Ende des 19. Jahrhunderts der Mietskasernenbau begonnen. So stammt das Haus Grunewaldstraße 85–86 von 1883. Das Gebäude Akazienstraße 17 wurde 1888 errichtet. Zeitgleich begann man mit dem Abriß der bäuerlichen Reste des Dorfes. Das letzte Schöneberger Haus mit Strohdach gehörte der Kossätenfamilie Behrend in der Hauptstraße 134. 1763 erbaut, wurde es 1889 abgerissen

Das letztes strohgedeckte Haus in Schöneberg, Hauptstraße 134 , abgerissen 1889

und 1895 durch ein Mietshaus ersetzt. Das Haus des Bauern Rosenkessel von 1812 in der Hauptstraße 39 wurde 1936 abgebrochen. Das letzte Bauerngehöft überhaupt, das in der Hauptstraße 132 lag und dem Kossäten Grunow gehörte, verschwand erst 1968. Schon 1691 ist in Schöneberg erstmals von einem Hanns Grunow die Rede. Ein Nachfahre, Andreas Grunow, war der wohl ärmste Bauer in Schöneberg: laut einer Erhebung von 1721 besaß er an Vieh lediglich zwei Schweine und eine Gans. Sein Sohn Martin erlebte die schwere Zeit, als das gesamte Dorf 1760 abbrannte. Sein neuer Hof entstand an gleicher Stelle, 1770 wurde er freier Bauer. Im 19. Jahrhundert finden sich die Namen Johann Michael und später Johann Friedrich Ludwig Grunow. Dessen Sohn Albert Grunow ließ 1865 die alte Scheune durch eine neue ersetzen. 1876 entstand ein neuer Kuh- und Pferdestall und 1883 wieder eine neue Scheune. 1894 wurde das Grundstück an die Kanalisation angeschlossen. Vorn an der Straße stand noch bis 1968 ein kleines, einstöckiges Wohnhaus. Auf dem Grundstück war auch eine kleine Wohnung (Küche und Stube) an eine Frau vermietet, die dort mit Mutter und Bruder wohnte. Zu der Wohnung heißt es in einer Beschreibung der Ortskrankenkasse um 1905:

„Vor 6 Jahren ... waren auch noch Spuren von Tapeten an den Wänden sichtbar. Seit dieser Zeit sind die Wände der Tapete beraubt. ... Der Putz ist an der Decke und den Wänden teilweise herunter. ... Im Fussboden der Küche befinden sich Löcher, welche von der Wohnungsinhaberin mit Gips ausgefüllt wird, damit man nicht darin stecken bleibt. ... Die Wohnung spottet nach heutigen Zeitverhältnissen jeder Beschreibung ... in den (letzten) 20 Jahren ... (ist) vom Hauswirt noch nicht das Mindeste gemacht worden . ... (der Hauswirt scheint noch ein Ueberbleibsel von den Schöneberger Bauern zu sein). Das Grundstück ist ... hinten mit grossen Scheunen und Stallungen versehen. Der Besitzer verkauft Milch aus dem Kuhstall ... Für die Wohnung werden 12,50 Mk. Miete entrichtet.“[14]

1966 verkauften Ernst Grunow und vier andere Erben das Grundstück an eine Gesellschaft, die dort ein Hotel errichten wollte, wozu es nie kam. Heute steht dort ein sechsgeschossiger Neubau; auf dem Hof hat eine Firma in einem modernen Flachbau ihre Geschäftsräume.

Neben den vielen Wohnhäusern entstanden um die Jahrhundertwende zahlreiche andere Gebäude. Die Hauptpost, später das Postamt 62, wurde 1901–03 auf Gelände der Langeschen Villa in der Hauptstraße 27 errichtet. Das Amtsgericht in der Grunewaldstraße ist 1901–06 erbaut worden.

Kultur- und Geschäftsleben

Die 1866 von Adolf Lette ins Leben gerufene Frauenfachschule erhielt 1902 am Viktoria-Luise-Platz 6 ein repräsentatives Gebäude, dessen Architekt Alfred Messel sinnigerweise selbst Mitglied einer Jury war, die über den besten Entwurf zu entscheiden hatte. Er hatte in Berlin zahlreiche Wohn- und Geschäftshäuser entworfen, darunter etliche Warenhäuser und insbesondere den Wertheim-Bau am Leipziger Platz; außerdem war er maßgeblich an der Planung der Museumsinsel beteiligt. Messel starb 1909 und wurde auf dem Alten Kirchhof der St. Matthäus-Gemeinde in der Großgörschenstraße beigesetzt.
Um 1900 begann sich der Nollendorfplatz zu einem Zentrum literarischen und künstlerischen Lebens zu entwickeln. So wurde hier 1906 das heutige „Metropol" als „Neues Schauspielhaus" eröffnet, aber erst in den „Golden Twenties" kulturell bedeutsam. Ringsum siedelten sich Prominente an, so auch Walter Kollo (1878–1940), der in der Schwäbischen Straße 26 wohnte. Sein Lied „Es war in Schöneberg im Monat Mai" wurde zu einer Hymne des Bezirks. Ab 1902 lebte Hedwig Courths-Maler für einige Jahre in der Landshuter Straße 32. In der Bamberger Straße 42 wohnte um 1905 der Theaterkritiker und Schriftsteller Alfred Kerr.
Auch zahlreiche Verleger zog es nach Schöneberg. Der bekannteste ist wohl Gustav Langenscheidt. Langenscheidt, 1832 in Berlin geboren, gründete 1856 seinen Verlag in der Schönhauser Allee 177a, in dem er „Französische Unterrichtsbriefe zum Selbststudium" herausgab. Er entwickelte eine neue Sprachlehrmethode und begründete ein System für die Bezeichnung der Aussprache. Seit 1905 ist der Verlag in der Crellestraße ansässig und führend in der Herausgabe von Wörterbüchern, Lehrbüchern und Sprachführern. Die dem Verlag benachbarte frühere Stubenrauchstraße wurde 1931 nach Langenscheidt benannt.
Im September 1897 bezog Samuel Fischer (1859–1934) mit seinem Unternehmen das Haus Bülowstraße 90/91, das bis 1936 Sitz des Verlages war. Das Unternehmen wurde zu einem der wichtigsten deutschen belletristischen Verlage, Gerhart Hauptmann, Thomas Mann, Hermann Hesse, Hugo von Hofmanssthal gehörten zu seinen Autoren. 1913 arbeitete Ernst Rowohlt (1887–1960) hier als Prokurist. Als er 1919 in der Potsdamer Straße 8/9 seine eigene Verlagsdruckerei einrichtete, lernte dort ein junger Maurer das Drucken von Flugblättern: Willi Stoph, der 1976 Vorsitzender des Ministerrates der DDR wurde. Um die Jahrhundertwende wandelte sich die Tauentzienstraße, von den

Der Nollendorfplatz, 1907

Berlinern kurz „der Tauentzien" genannt, von einem gehobenen Wohnviertel zu einer exklusiven Geschäftsstraße, die dem Kurfürstendamm in nichts nachstand. Als stellvertretend für die Bebauung dieser Gegend kann das Haus Passauer Straße 4 gelten, das von 1894–96 entstand. Etwa zur gleichen Zeit wurden auch sieben prachtvolle Wohnhäuser zwischen Passauer und Ansbacher Straße erbaut. Die Wandlung zur Geschäftsstraße dokumentiert sich hier besonders drastisch, bereits wenige Jahre später wurden die Häuser wieder abgerissen, die Grundstücke zusammengelegt, und im März 1907 eröffnete dort das Kaufhaus des Westens, kurz KaDeWe genannt.
Erbaut worden war es von Johann Emil Schaudt mit fünf Geschossen, der Inhaber Adolf Jandorf wollte die wohlhabende Bevölkerung anziehen, die sich zwischen Wittenbergplatz und Viktoria-Luise-Platz niedergelassen hatte. Das KaDeWe wurde 1923 von Hermann Tietz übernommen. Als im November 1943 ein amerikanisches Kampfflugzeug in den Lichthof stürzte, ging der Verkauf in Ersatzräumen in der Nürnberger Straße weiter. Obwohl der teilweise Wiederaufbau 1950 beendet war, wurde das Haus seither ständig vergrößert. Als es 1977/78 um ein Drittel seiner Verkaufsfläche erweitert wurde, stieg es – nach Harrod's in London – zum zweitgrößten Kaufhaus Europas auf. Seine bekannteste Einrichtung ist die Feinkostabteilung in der 6. Etage. Hier bleiben keine Wünsche unerfüllt, hier kann man nicht nur einkaufen,

Der Sportpalast von außen ...

sondern auch essen, nein, besser: speisen. Heute bieten 2.500 Verkäufer ihren täglich 80.000 Kunden auf 60.000 m² rund 380.000 verschiedene Artikel an.
Drei Jahre nach dem KaDeWe wurde der Sportpalast eröffnet. Die Geschichte des Grundstückes läßt sich bis 1839/40 zurückverfolgen, in diesem Jahr ließ sich der Geheime Oberbaurat August Leopold Crelle an der nördlichen Ecke Potsdamer/Pallasstraße ein Wohnhaus errichten. Crelle war maßgeblich am Bau der Potsdamer Bahn beteiligt, weshalb die Bahnstraße 1958 seinen Namen erhielt. 1855 starb er 75jährig und wurde auf dem Dorffriedhof beigesetzt. Nach dem Abriß seines Hauses erwarb der Bankier Hermann Gumpel das 12.900 m² große Grundstück. 1909 verkaufte er es an die „Internationale Sportpalast- und Winter-Velodrom GmbH". Der von Hermann Dernburg für drei Millionen Mark errichtete Sportpalast, der die größte Kunsteisbahn der Welt beherbergte, bot 10.000 Menschen Platz. Mit der Revue „Weihnachten am Nordpol" wurde das Gebäude am 17. November 1910 eröffnet. Berühmt aber wurde der Sportpalast bald für seine legendären Sechstagerennen. In Georg Kaisers Drama „Von Morgens bis Mitternacht" von 1916 wird die aufgeheizte Atmosphäre plastisch geschildert: *„Der erste Rang rast. Der Kerl hat den Kontakt geschafft. Die Beherrschung ist zum Teufel. Die Fräcke beben. Die Hemden reißen. Knöpfe prasseln in alle Richtungen. Bärte verschoben von*

... und von innen

zersprengten Lippen, Gebisse klappern. Oben und mitten und unten vermischt. Ein Heulen aus allen Rängen – unterschiedslos. Unterschiedslos. Das ist erreicht."[15]

Als letzte große öffentliche Bauvorhaben der Kaiserzeit entstanden 1911–14 das Polizeipräsidium Schöneberg-Wilmersdorf in der Gothaer Straße und die Staatliche Kunsthochschule 1914–20 in der Grunewaldstraße 3–5. Heute nutzt die Hochschule für Bildende Künste das Haus. Ganz im Süden, direkt an der Grenze zu Steglitz, legte man am 22. Oktober 1903 den Grundstein für das Auguste-Viktoria-Krankenhaus. Der erste Bauabschnitt, ein Gebäude mit 328 Betten, konnte 1906 an der Rubensstraße in Betrieb gehen, der zweite Bauabschnitt wurde 1908–10 errichtet. Das Auguste-Viktoria- Krankenhaus galt bei seiner Fertigstellung als modernste Klinik im Berliner Raum.

Das Schöneberger Rathaus

Im Jahre 1874 waren Alt- und Neu-Schöneberg zu einem Verwaltungsbezirk vereinigt worden; zu dieser Zeit hatte Schöneberg etwa 7.500 Einwohner, und die Tendenz war stark steigend. Bis dahin waren die Verwaltungstätigkeiten in den Privaträumen der Dorfschulzen erledigt worden, was mit der Zusammenlegung beider Gemeinden aber

Das Rosenkessel'sche Mühlengehöft, 1910. Auf dem Grundstück wurde das neue Rathaus errichtet.

nicht mehr möglich war. So entstand am Kaiser-Wilhelm-Platz ein kleines Amtshaus samt Gefängnis. Schon zehn Jahre später hatte sich die Einwohnerzahl mehr als verdoppelt, ein größeres Rathaus wurde benötigt. Es entstand 1890–92 am Kaiser-Wilhelm-Platz 3 unter Einbeziehung des alten Schulhauses. Doch auch die 60 Räume in diesem Bau reichten bald nicht mehr aus. So behalf man sich zunächst mit der Nutzung angrenzender Gebäude. Dieses alte Rathaus ist im Krieg zerstört worden, die Ruine wurde 1954 abgeräumt.
Als Schöneberg 1898 schließlich sogar Stadtrechte erhielt und die Einwohnerzahl bereits bei rund 80.000 lag, wurde der Bau eines noch größeren Rathauses beschlossen, dessen Kapazität auch weit ins nächste Jahrhundert reichen sollte. Man hatte sich zum Ziel gesetzt, das neue Rathaus 1906 einzuweihen, doch als der Bauplatz, der alte Mühlenberg, gefunden war, gab es jahrelang Auseinandersetzung mit den umliegenden Grundstückseigentümern. Über das Rathausgelände führte der Mühlenweg, der zugunsten des späteren John-F.-Kennedy-Platzes und der Badenschen Straße aufgegeben werden mußte. Erst um 1910 konnte der Mühlenberg abgetragen werden, nachdem auch das dort befindliche Armenhaus von 1870, die Desinfektionsanstalt, die Stadtgärtnerei und das Depot der Stadtreinigung verlegt wurden. Die 1761 erbaute Windmühle war schon 1888 ab- und in Mariendorf wieder aufgebaut worden. 1903 verlegte man sie nach Saalow bei Zossen, wo sie – technisch und baulich stark verändert – noch heute zu sehen ist.

Grundsteinlegung für den neuen Rathausbau war am 26. Mai 1911. 1914 war das Gebäude im wesentlichen fertig, auch wenn die Innenausstattung, bedingt durch den Ersten Weltkrieg, erst 1917/18 beendet wurde. Der Erweiterungsbau an der Straße „Am Rathaus" entstand 1919/20. Beim Abwaschen eines alten Anstrichs aus den fünfziger Jahren im Zuge einer Renovierung kamen 1986 im „Goldenen Saal" – so benannt wegen der kupfergold schimmernden Decke – alte Decken- und Wandgemälde aus der Entstehungszeit des Rathauses zum Vorschein. Ein anderes Glanzstück des Gebäudes war die Verwaltungsbibliothek im Raum 1117 mit ihrem getäfelten, säulengeschmückten Lesesaal. Schon 1928 zählte man 25.000 Bücher. Das älteste Exemplar stammt von 1642.
Schöneberg hat sein Rathaus als selbständige Stadt kaum je selbst nutzen können. Kurz nach der Einweihung begann der Erste Weltkrieg, zwei Jahre nach dessen Ende gehörte Schöneberg zu Berlin. So war das Schöneberger Rathaus nur noch „Provinz", ein Bezirksrathaus. Daß dieses Bezirksrathaus einmal ins weltpolitische Blickfeld rücken sollte, ahnte damals niemand.

Der U-Bahnbau

„Berlin aber lebt in ... Schönheit. Die Natur hat den Süden erschaffen zur Wonne der Menschheit, das norddeutsche Gebiet aber mehr aus Nützlichkeitsgründen. Immerhin gibt es hier Fortschritte, Arbeit, Technik, Entwicklung. Die Bülowstraße hat sich verändert ... Welcher verblüffende Anblick: das Eisengestell einer Überbahn, rot lackiert und grau gestrichen, steigt in plumper Scheußlichkeit empor zwischen den Häusern, zwischen den Bäumchen. Barbarischer, ekliger, gottverlassener, blöder, bedauernswerter, mickriger, schändlicher, gerupfter, auf den Schwanz getretener sieht nichts in der Welt aus. Aber diese Stadt war von jeher gebenedeit in Kunstdingen ... Während ruppiger sechs Wochen sind hier Bahnen nach Wannsee elektrisch geworden, neue Verkehrsstränge wurden der Kurfürstenstraße einverleibt, das Eisengerüst wuchs aus der Erde – überall Fortschritt, Entwickelung, Arbeit, Technik und Verhunzung. Ist Technik und Verhunzung nicht zu trennen? Am Ende sind wir bloß unfähig, diese Art Schönheit gegenwärtig zu erfassen. Einst wird ja auch sie eine Schönheit sein."[16] So Alfred Kerr im September 1900.
Als eine der ersten Großstädte der Welt erhielt Berlin nach fünfeinhalbjähriger Bauzeit ab 1902 eine Hoch- und U-Bahn. Der Linienführung

zwischen den Hochbahnhöfen Bülowstraße und Möckernbrücke stand am Dennewitzplatz in Schöneberg ein Haus im Wege. Statt es abzureißen, brach man nur soviel aus dem Haus heraus, wie man benötigte, um den U-Bahn-Tunnel hindurchzuführen. Erst nach dem Zweiten Weltkrieg wurde das Haus abgerissen.
Im Jahre 1926 wurde eine Entlastungslinie eröffnet, die sich, vom Bahnhof Gleisdreieck kommend, in Richtung U-Bahnhof Kurfürstenstraße absenkt und von dort zum Nollendorfplatz führt. Dieser Linie stand an der Pohl-/Ecke Dennewitzstraße wieder ein Haus im Wege. Und wie 24 Jahre zuvor wurde der Tunnel durch das Haus getrieben. Die U-Bahn, die durch ein Haus fährt, ist noch heute – im Bezirk Tiergarten – zu besichtigen.
Mit dem Bau der Hochbahn durch die Bülowstraße entstand 1900/01 die gleichnamige Station. Das schmiedeeiserne Zierwerk und die Ornamente setzen hier einen architektonischen Akzent. Ende 1971 mußte der Bahnhof wegen zu geringen Verkehrsaufkommens stillgelegt werden. Die Bahn fuhr hier parallel zur U 1, die Weiterfahrt nach Pankow über Gleisdreieck, Potsdamer und Alexanderplatz war durch die Mauer unmöglich geworden. Das gleiche Schicksal ereilte den oberen Bahnsteig des Bahnhofes Nollendorfplatz. Dort entstand 1973 der Flohmarkt „Nolle". 1978 wurde auf dem Bahnhof Bülowstraße das Vergnügungszentrum namens „U-Tropia" eröffnet, später der „Türkische Basar". Seit der Wende fährt die U-Bahn wieder durchgehend von Ruhleben nach Pankow und kurvt, vorbei an der Lutherkirche, quietschend über die Gleise.
Schöneberg entschloß sich 1908 als sechste Stadt in Europa – zunächst unabhängig von Berlin – zum Bau einer eigenen U-Bahn. Bereits am 8. September des gleichen Jahres erfolgte der erste Spatenstich im Bereich Innsbrucker/Ecke Wartburgstraße. Die beauftragte Firma Siemens & Halske arbeitete schnell, und so konnte die neue Strecke am 1. Dezember 1910 in Betrieb gehen. Die drei Kilometer lange U-Bahnstrecke mit fünf Bahnhöfen führte vom Innsbrucker zum Nollendorfplatz Platz im wesentlichen durch (damals noch) kaum bebautes Gelände. Viele Schöneberger mögen sich damals gefragt haben, wen eine U-Bahn von einem Kornfeld abholen sollte. Aber die Stadtplaner, und nicht nur die von Schöneberg, dachten damals schon an neue Wohngebiete längs der neuen Trasse, und es war durchaus nicht ungewöhnlich, einen U-Bahnanschluß einzurichten, bevor die ersten Häuser erbaut wurden. So war auch die heutige U-Bahnstation Theodor-Heuss-Platz zunächst das einzige Bauwerk am Platze. Die Schöneberger Linie blieb kurz, ob-

Die Hochbahn an der Bülowstraße, 1905

wohl einst eine Fortsetzung bis nach Steglitz geplant war. Der Erste Weltkrieg verhinderte den weiteren Streckenbau, er wurde – in der Planung als Linie 10 – bis heute nicht verwirklicht.

Am 10. Juli 1926 ging die Schöneberger U-Bahn für 12 Millionen Reichsmark in das Eigentum der Hochbahngesellschaft über, an der die Stadt Berlin gleichzeitig die Aktienmehrheit erwarb. Die Strecke vom Innsbrucker Platz war ohnehin nicht als Lokalbahn gedacht, sie sollte Teil des im Entstehen begriffenen Schnellbahnnetzes im Großraum Berlin sein, zumal ja eine Tarifgemeinschaft mit der Hoch- und Untergrundbahn bestand. Folgerichtig wurde die Linie 1926 am Nollendorfplatz auch mit dem Berliner Netz verknüpft.

Einige Bahnhofsnamen sind im Laufe der Jahre geändert worden. Die Station „Hauptstraße“ wurde 1933 in „Innsbrucker Platz“ umbenannt, aus dem Bahnhof „Stadtpark“ wurde 1951 „Rathaus Schöneberg“. 1930 – 33 gab es noch einen großen Bahnhofsneubau bei der S-Bahn. Im Zusammenhang mit der Elektrifizierung der Ringbahn entstand als Ersatz für den Bahnhof in der Ebersstraße ein neuer Bahnhof an der Dominicusstraße. Hier kreuzen sich die Linien der Wannsee- mit der Ringbahn.

Die Jahre der Weimarer Repubik

Der Kapp-Putsch

Die desolate soziale, wirtschaftliche und politische Lage Deutschlands führte im Frühjahr 1920 zu einem Militärputsch. Am 13. März besetzten Truppen der Brigade Ehrhardt gegen 6 Uhr morgens das Berliner Regierungsviertel. Als Kanzler wurde Generallandschaftsdirektor Kapp eingesetzt, Aufsichtsratsmitglied der Deutschen Bank und Vorstandsmitglied der DNVP (Deutschnationale Volkspartei). Die Reichsregierung floh nach Dresden, der Putsch schien gelungen, zumal viele deutsch-nationale und bürgerliche Kräfte mit den Putschisten offen oder heimlich symphatisierten. Da die Reichswehr nicht zur Niederschlagung des Putsches eingesetzt werden konnte (Reichswehr schießt nicht auf Reichswehr), rief die Regierung zum Generalstreik auf.
Während in Berlin vielfach Beamte und Angestellte in ihren Amtsstuben erschienen, dort aber nicht arbeiteten, wurden in Schöneberg alle drei Rathäuser von Putschisten besetzt. Die Gebäude waren mit Stacheldraht umgeben, die Eingänge von Wachsoldaten mit Maschinengewehren gesichert. Unterdessen kursierten die ersten Flugblätter mit dem Streikaufruf. Überall im Reich und in Berlin legten Millionen Menschen die Arbeit nieder. In Schöneberg wurde das Pumpwerk stillgelegt.

Kapp-Putsch: Menschenmenge vor dem alten Rathaus am Kaiser-Wilhelm-Platz

Die Ärzte des Auguste-Viktoria-Krankenhauses streikten. Die Gas- und Elektrizitätswerke wurden von den Arbeitern verlassenen. Die Putschisten gaben nicht auf; die bestreikten Werke wurden von einer „Nothilfe“ in Betrieb gehalten, der ruhende Straßenbahn- und Zugverkehr sollte durch private Fuhrbetriebe ersetzt werden. In Schöneberg brachten daraufhin empörte Bürger, die inzwischen massenhaft auf den Straßen waren, die Fahrzeuge auf der Hauptstraße zum Halten und zwangen die Fahrgäste zum Aussteigen. In Friedenau, an der Grenze zu Steglitz, griff das Militär durch: Mit Waffengewalt trieben die putschenden Soldaten der Reichswehr die Menschenansammlungen auseinander. Es gab acht Tote, viele Schwerverletzte wurden in einer nahegelegenen Arztpraxis versorgt. Am Kaiser-Wilhelm-Platz kam es zu ähnlichen Vorfällen.
Die Kapp-Regierung mußte bald erkennen, daß sie keinen Rückhalt in der Bevölkerung fand. Der Generalstreik hatte Erfolg. Am 18. März gegen 5 Uhr morgens räumten die Putschisten das neue Schöneberger Rathaus. Am alten Rathaus blockierten wütende Menschen den Abzug der Truppen. Als die Offiziere schließlich herauskamen, wurden sie beschimpft, einige auch mißhandelt. Ein Chronist erinnerte sich 1930: *„Bei der gar zu langsamen Fahrt des Wagens vom Rathaus durch die tobende Volksmenge in der Kolonnenstraße wurden den Offizieren Wertsachen entrissen ... Dies steigerte den Tumult. Schließlich wurden Offiziere von dem Wagen heruntergerissen und gemißhandelt.“* Schließlich warf die Volksmenge *„Autos um und zertrampelte die Männer buchstäblich.“*[17] In diesem Moment kam ihnen eine Sturmkompanie der 2. Marine-Brigade zu Hilfe. Sie eröffnete sofort das Feuer, das sechs Zivilisten und einen Militärangehörigen das Leben kostete. Die Opfer wurden zwei Tage später unter großer Anteilnahme der Bevölkerung auf dem Friedhof an der Eythstraße beigesetzt. Später wurden alle, die für das Blutvergießen während des Putsches verantwortlich waren, amnestiert.

Die große Wohnungsnot

Die Wohnungsnot erreichte in Berlin nach dem Ersten Weltkrieg durch die Folgen von Krieg und Inflation und die ungebremste Zuwanderung ungeahnte Ausmaße. Im Schöneberger Tageblatt vom 14. September 1919 hieß es: „Vor Zuzug nach Schöneberg wird daher wiederholt gewarnt.“ Ein Mietvertrag über eine Schöneberger Wohnung durfte nur mit Zustimmung des bezirklichen Wohnungsamtes abgeschlossen werden.

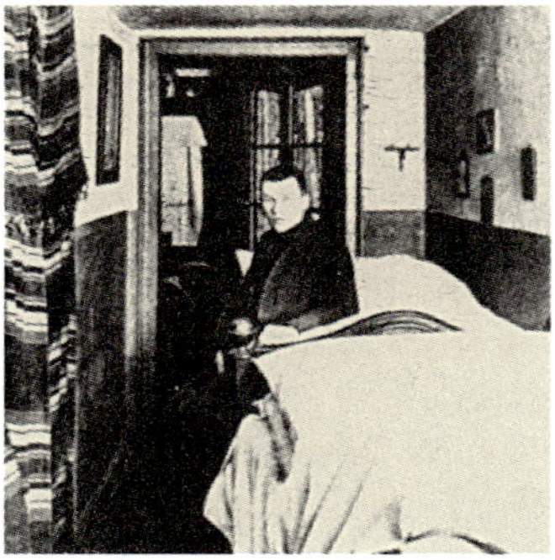
Im Seitenflügel Bülowstraße, 1910

Gab es 1920 noch 11.628 Wohnungsgesuche in Schöneberg, so waren es 1923 schon 14.810. Dem standen in diesem Jahr nur 1.872 Wohnungsangebote gegenüber. 1926 erreichte die Zahl der Wohnungssuchenden mit 15.873 einen Höhepunkt. Um zumindest in begrenztem Maße Wohnraum zur Verfügung zu stellen, errichtete man in der Rubensstraße Holzhäuser. Außerdem sollten Büros in extra aufgestellte Baracken verlegt werden, um weiteren Wohnraum zu gewinnen. Solche Holzbaracken entstanden beispielsweise auf dem Winterfeldtplatz und an der Ebersstraße. Außerdem sollte die Wohnungsnot durch Wohnungsteilungen und dem Umbau gewerblicher Räume gelindert werden. So konnten bis 1935 1.616 Wohnungsteilungen vorgenommen und dadurch 4.314 Teilwohnungen gewonnen werden. Durch Umbau bzw. Umnutzung von Gewerberaum kamen noch einmal 144 Teilwohnungen hinzu.
Waren bis 1900 in Schöneberg 20.331 Wohnungen erbaut worden, kamen zwischen 1901 und 1918 noch einmal 27.115 Wohnungen dazu. In der Zeit zwischen 1919 und 1948 wurden nur noch 3.904 Wohnungen errichtet, was auf die dichte Bebauung Schönebergs zur damaligen Zeit hinweist. Zwar gab es noch einige Freiflächen, doch auf ihnen sollten keine Massenquartiere mehr entstehen.
Das Stadtbad Schöneberg wurde 1930 nach Vorlagen des Stadtbaurates Heinrich Lassen an der Hauptstraße errichtet. Im Frühjahr 1989 mußte es wegen baulichen Mängeln geschlossen werden. Das Berliner Architekturbüro Arnke/Häntsch gewann einen Wettbewerb zum Umbau und zur Modernisierung – das Bad soll flächenmäßig erweitert werden, wobei die Ziegelwände durchbrochen als Säulen bestehen bleiben. Die Rückfront wird zurückgesetzt, um das Haus soll sich eine Glas-Stahl-Konstruktion ziehen.
Als das Fernmeldeamt in der Berliner Stadtmitte zu klein geworden war, erwarb die Oberpostdirektion das Grundstück Winterfeldtstraße 28–30. Auf ihm entstand ein um vier Innenhöfe gelagerter Komplex, der am 18. Mai 1929 nach sechsjähriger Bauzeit in Betrieb genommen werden konnte. In dieser Zeit entstanden auch zahlreiche Bürogebäude wie etwa das sogenannte Kathreiner-Haus in der Potsdamer Straße 186. Der Stahlbetonskelettbau wurde 1929/30 nach Plänen von Bruno Paul errichtet und diente zunächst als Bürogebäude einer Malzkaffeefirma.

Abkehr von der Mietskaserne: Das Beispiel Lindenhof

Schöneberg plante schon seit 1912 eine Kleinhaussiedlung für Menschen mit geringem Einkommen und kinderreiche Familien. Bereits 1916, mitten im Ersten Weltkrieg, kaufte die Stadt Grundstücke an der Röbling-/Ecke Arnulfsstraße von der Bahn und von Privatleuten. In den Jahren 1918–21 entstand schließlich die Lindenhof-Siedlung nach Entwürfen von Martin Wagner und Bruno Taut.
Zu jeder der 479 Wohnungen in 127 Vier- und 75 Einfamilienhäusern gehörte ein kleiner Garten und Stall. Zehn Geschäfte versorgten die Bewohner mit Lebensmitteln, Bekleidung und dergleichen mehr. Es gab eine Schule in der Siedlung, im selben Haus auch ein Restaurant, dessen Räume von zahlreichen Vereinen genutzt wurden.
Am 16. Dezember 1921 beschloß die Mietervereinigung die Gründung einer Genossenschaft. Obwohl dieser Beschluß nicht einmütig erfolgte, waren 1922 bereits 93% der Mieter Mitglieder. Am 1. November des gleichen Jahres kaufte die Genossenschaft ihre eigene Siedlung. Das Wohnheim für weibliche Lehrlinge entstand erst 1929. Es wurde 1943 zerstört und nicht wieder aufgebaut. Bedingt durch die Wohnungsnot wurde auch die Lindenhof-Siedlung 1929–31 um 373 Wohnungen erweitert. Entgegen der Bauordnung, die hier lediglich zweigeschossige Häuser vorsah, baute man nun drei- und vierstöckig.

Genossenschaftssiedlung Lindenhof

Die Ceciliengärten

Eine weitere Siedlung entstand zwischen 1922 und 1926, die Ceciliengärten. Geplant war die Bebauung des Willmannschen Parkgeländes, gelegen zwischen Haupt- und Baumeisterstraße bzw. zwischen Sponholzstraße und Wannseebahn, schon 1891, die Verwirklichung des Vorhabens aber verzögerte sich. Das Gelände gelangte in den Besitz der Boden-Aktiengesellschaft Berlin-Nord, die keine vier- bis fünfstöckigen Mietshäuser errichten wollte, sondern eine ruhige Wohnanlage, die sich um eine Grünfläche konzentriert. Die Planungen von Heinrich Lassen gehen auf das Jahr 1912 zurück, ausgeführt werden konnte das Projekt aber – bedingt durch den Ersten Weltkrieg – erst in den zwanziger Jahren. Errichtet wurden 637 Wohnungen in ein- bis fünfgeschossigen Häusern. Der Name der Siedlung erinnert an die Kronprinzessin Cecilie von Mecklenburg-Schwerin.
1982 stellte man die Ceciliengärten unter Denkmalschutz, und sechs Jahre später begann die umfangreiche Rekonstruktion. Neben der Ausbesserung der Wohnhäuser wurden auch die Bronzeplastiken „Der Morgen“ und „Der Abend“ von Georg Kolbe wieder aufgestellt, die man einst abmontiert hatte, und der Brunnen mit seiner hohen Wasserfontäne wiederhergestellt. Besonders eindrucksvoll wirken die Ceciliengärten im Frühjahr, wenn die Kastanien und die japanischen Kirschbäume blühen.

Kolbe-Skulptur in den Ceciliengärten

Die „Golden Twenties"

Ein beliebter Treffpunkt für Künstler, Literaten, Philosophen und solche, die sich dafür hielten, war das Nollendorf-Casino in der Kleiststraße 41. Hier verkehrten auch der Begründer der Anthroposophie, Rudolf Steiner, der von 1903 bis 1923 unweit – in der Motzstraße 30 – lebte, der Schriftsteller Robert Musil (wohnhaft Motzstraße 38) und die Lyrikerin Else Lasker-Schüler. Sie lebte in den zwanziger Jahren im Hotel „Koschel", Motzstraße 7 (heute Hotel Sachsenhof), das nach dem Ersten Weltkrieg überhaupt eine beliebte Unterkunft für Literaten gewesen zu sein scheint. In diesem Hotel wohnten auch der Dichter und Kunstkritiker Theodor Däubler, der Maler Oskar Kokoschka, der Schriftsteller Walter Hasenclever und Ernst Rowohlt, der hier die Gründung seines Verlages in der Potsdamer Straße vorbereitete. Weitere Prominenz in dieser Gegend: In der Maaßenstraße 12 lebte die Lyrikerin Nelly Sachs, der Dirigent Wilhelm Furtwängler in der Maaßenstraße 1. Furtwängler ist auch in Schöneberg geboren.

Das 1906 eröffnete Neue Schauspielhaus am Nollendorfplatz trug um 1920 den Namen „Nollendorftheater". 1927 wurde es von Erwin Piscator als „Theater am Nollendorfplatz" übernommen. Er pachtete das Haus; die Schauspielerin Tilla Durieux streckte für den Anfang 400.000 Mark vor, die sie von einem befreundeten Schultheiss-Direktor bekommen hatte. Mit seinen verbindenden Inszenierungen von Film und Bühne revolutionierte Piscator das Theater, gespielt wurde auf mehreren Ebenen, Filmsequenzen, Musik und Songs zwischen die Szenen eingebaut, die Schauspieler agierten – ganz im Stil der Zeit – auf Fließbändern. Am 3. September 1927 erlebte hier die Politrevue „Hoppla, wir leben" ihre Uraufführung. Am „Theater am Nollendorfplatz" entwarf John Heartfield Bühnenbilder, machte George Grosz Programmhefte, arbeitete Brecht in der Dramaturgie, wurde Ernst Busch berühmt, Tilla Durieux gefeiert und Curt Bois zum großen Schauspieler. Nach dem wirtschaftlichen Zusammenbruch Piscators 1930 richtete man

Das ehemalige Hotel „Koschel"

Hochbahn und ehemaliges „Theater am Nollendorfplatz", 1931

in dem Theater ein Kino ein, im Dezember des gleichen Jahres wurde hier der Antikriegsfilm „Im Westen nicht Neues" nach dem gleichnamigen Romen von Erich Maria Remarque uraufgeführt. Nationalsozialisten sprengten die Vorführung, indem sie Stinkbomben warfen und weiße Mäuse im Parkett laufen ließen. Nach einer zweifelhaften Karriere als Eros-Kino in der Nachkriegszeit eröffnete 1978 hier eine der größten Diskotheken der Welt. Heute wird das Gebäude von der „Metropol Musikpalast GmbH" betrieben. Neben dem Auftritt verschiedener Musikgruppen gilt das Haus nach wie vor als eine der bekanntesten Discos der Stadt.

Nicht weit vom Nollendorfplatz lag ein zweites großes Theater: die Scala. „... und abends in die Scala" war nach dem Ersten Weltkrieg ein Begriff in ganz Berlin. Dabei sah es zunächst nicht so aus, als würde das am 1. September 1908 als „Eispalast" eröffnete Etablissement in der Martin-Luther-Straße 14–18 erfolgreich sein. Auf den „Eispalast" folgten Tanzkasino und Weinrestaurant; mit der „Scala" eröffnete dort 1920 eines von 167 Berliner Varietétheatern. Rund 20 dieser Varietés hatten mehr als 1.000 Sitzplätze. Die Konkurrenz war groß, und so stellten immer mehr Theater ihr Programm auf Operette oder Kino um. Mit der Weltwirtschaftskrise 1929 nahm die Zahl der Bühnen mit artistischem Programm weiter ab. Anders in der Scala. Dort wurde Varieté nicht als Kleinkunst angesehen, wo man während der Vorstellung im Zuschauerraum an Tischen und Stühlen saß, aß und trank, kräftig rauchte, sich

Die legendären Scala-Girls

unterhielt und kam und ging, wann man wollte. In der Scala war das Rauchen im Zuschauerraum untersagt, Essen und Trinken nur an Büffets während der Pause erlaubt. Es waren feste, numerierte Sitzreihen installiert, zu Beginn der Vorstellung wurde der Zuschauerraum wie in der Oper abgedunkelt. Ihre Bühne war so groß, daß die berühmte Zirkusreiterin Therese Renz hier Hohe Schule reiten und sogar eine Elefantengruppe auftreten konnte. Aufwendige Kulissen gestalteten die 24 Meter breite Bühne aus, das aus einzelnen Nummern bestehende Programm wurde von Conférenciers moderiert. Zu ihnen gehörten. Wilhelm Bendow, Willy Schaeffers oder Werner Finck. Bisher „stumme" Stars des Film wie Henny Porten wurden auf die Bühne geholt, berühmte Clowns wie Charlie Rivel und Grock, Künstlerinnen wie Claire Waldoff feierten hier Triumphe. 1934 traten die ersten 20 Scala-Girls auf, eine legendäre Tanzgruppe. Außerdem gab es Nummern-Girls, zu denen 1934 auch Grethe Weiser gehörte. 1941 war die Scala Deutschlands größtes Varieté- und Revuetheater, drei Jahre später mußte der Betrieb kriegsbedingt eingestellt werden. Das Gebäude wurde später zerstört und die Trümmer abgeräumt. Heute befindet sich am Ort des einst weltberühmten Etablissements ein schmuckloses Wohnhaus.

Wohl kein Berliner Bezirk war und ist so eng mit der Homosexuellen-Szene verbunden wie Schöneberg. Schon vor dem Ersten Weltkrieg verkehrten Homosexuelle in den Tanzpalästen in der Bülowstraße und den Cafés der Potsdamer Straße. 1919 gastierte der „Damenimitator" Renato

im Kurfürsten-Kasino in der Kurfürstenstraße 149. In den zwanziger Jahren wurde besonders die Gegend um den Nollendorfplatz ein beliebter Treffpunkt, auch für Lesben, zum Beispiel im 1931 von Susi Wannowsky eröffneten „Garconne" in der Kalckreuthstraße 11. Bis 1933 gab es im weiteren Umkreis über einhundert einschlägige Bars – wenn eine geschlossen wurde, eröffnete schon bald eine neue –, darunter traditionsreiche Lokale wie das „Dorian Gray" in der Bülowstraße 57, das „Kleist-Casino" in der Kleiststraße 15 (heute gibt es eine neue Bar gleichen Namens in der Kleiststraße 35), das „Eldorado" in der Motzstraße 15 oder ein Transvestitenlokal in der Martin-Luther-Straße 31 im Parterre. Da im gleichen Haus im ersten Stock das Kabarett „Kaftan" untergebracht war, trafen Publikum und Lokalbesucher mitunter im Hausflur aufeinander. Eine Schauspielerin erinnert sich: *„Geschminkte Männer, einige als Frauen verkleidet, promenieren im Hausflur. Das ist nichts für unser gutbürgerliches Publikum. Die Familienväter halten ihren Töchtern die Augen zu, während sie die Treppen zum Kaftan hinaufsteigen."* [18]
Gerade in der Bülowstraße, dem Zentrum schwuler Subkultur des feinen Berliner Westens, reihte sich eine renommierte Bar an die andere, darunter auch etliche Tanzlokale. Zwischen 1929 und 1933 wohnte der englische Schriftsteller Christopher Isherwood in der Pension von Fräulein Schröder, Nollendorfstraße 17, die *„in Filzlatschen und geblümtem Morgenrock ... den ganzen Tag durch die große düstere Wohnung watschelte."* Sein Buch „Goddbye to Berlin" von 1935 war Vorlage für den Film und das Musical „Cabaret".
Das „Dorian Gray" und das „Kleist-Casino" mußten, wie viele andere Bars dieser Art, im März 1933, kurz nach der Machtübernahme der Nationalsozialisten, schließen. Zahlreiche Homosexuelle wurden im Dritten Reich verfolgt und ermordet. Zu ihrem Gedenken hängt seit Juni 1989 neben dem Eingang zur U-Bahnstation Nollendorfplatz eine Tafel mit der Inschrift: „Totgeschlagen – Totgeschwiegen – Den homosexuellen Opfern des Nationalsozialismus".
Heute gibt es in Schöneberg wieder eine schwule Kultur wie in den Zwanzigern. Schwule Bars, Cafés, Saunen, Hotels, Sexshops, Buchhandlungen, Spezialgeschäfte, Arztpraxen und Beratungsstellen durchziehen den Bezirk. Vor manchem Lokal, manchem Fenster oder Balkon weht die Regenbogenfahne – das Symbol der Schwulen. Sie wurde 1997 sogar vor dem Rathaus gehißt, als die Szene, wie alljährlich im Juni, rund um den Nollendorfplatz das Schwul-Lesbische-Stadtfest feierte. Eine Woche später zieht die farbenfrohe, fröhliche Christopher-Street-Day-Demo auch über Schöneberger Straßen.

Schöneberg im Dritten Reich

Die Machtergreifung

Obwohl Schöneberg überwiegend ein Arbeiterviertel war, galt es insgesamt nicht als sozialdemokratischer Bezirk. Im Westen und Norden Schönebergs, also im Bayerischen Viertel und rund um den Nollendorfplatz, lebten viele gutbürgerliche liberale Wähler, in Friedenau eine beträchtliche Anzahl von Anhängern konservativer Parteien wie der DNVP. Die Anhänger der SPD und KPD wohnten meist entlang der Haupt- und Potsdamer Straße, in den Bereichen der Crelle- und Feurigstraße, sowie auf der „Roten Insel“.

Den Beinamen „rot“ hatte die von Bahnlinien umschlossene „Insel“ erhalten, weil die Sozialdemokratie hier zu einer bedeutenden politischen Kraft geworden war, vor allen Dingen nach der Aufhebung ihres Verbotes (Sozialistengesetz) 1890. Während beispielsweise bei der Reichstagswahl 1903 im Wahllokal am Viktoria-Luise-Platz nur 30% der Stimmen auf die SPD entfielen, waren es in einem Wahllokal in der Monumentenstraße 71,8%.

Die politische Arbeit der SPD umfaßte Arbeitslosen-Versammlungen und Veranstaltungen der Arbeiter-Bildungsvereine, die in großen Lokalen tagten. Der Wahlverein der SPD traf sich meist im Saal der Schloß-

Demonstration der Schöneberger SPD, um 1926

Das SPD-Lokal Jürgens in der Barbarossastraße

brauerei, Hauptstraße 60 – 63, oder in den Festsälen der Obstschen Gastwirtschaft in der Meiningerstraße 8. Es gab sozialdemokratische Jugendgruppen, Frauenvereine und dergleichen mehr. August Bebel, Mitbegründer der SPD, wohnte zeitweise in Schöneberg. Zunächst bezog er eine bescheidene Wohnung in der Großgörschenstraße 22a. Im September 1893 war dort Friedrich Engels mit seiner Frau Luise 13 Tage zu Gast. Um 1900 wohnte Bebel in der Habsburger Straße 5, seit 1910 in der Hauptstraße 97.

Die SA hatte in den zwanziger Jahren mehrfach versucht, auf der „Roten Insel" Präsenz zu zeigen. Marschierende SA-Kolonnen wurden teilweise nicht nur mit Blumentöpfen, sondern auch mit mit Salzsäure gefüllten Bierflaschen beworfen. Kommunisten und Sozialdemokraten machten im Kampf gegen Nazis durchaus gemeinsame Sache, auch wenn die sonstigen programmatischen Zielsetzungen den Dissenz nicht verdecken konnten. So wurde beispielsweise darauf geachtet, daß sich keine Nazis in den Haus- oder Straßengemeinschaften niederließen. Als Ende der zwanziger Jahre der Sportpalast allein mit Sportveranstaltungen nicht mehr unterhalten werden konnte, vermietete man das Gebäude auch an politische Parteien. Auch die Nationalsozialisten nutzten das Haus. Am 30. September 1928 sprach hier erstmals der Berliner Gauleiter Dr. Joseph Goebbels vor vollem Haus, am 16. November des gleichen Jahres Adolf Hitler.

Veranstaltung der NSDAP im Sportpalast, 1934

Schon bei der Reichstagswahl vom 31. Juli 1932 hatten 35,7 % der Schöneberger Wähler für die Nazis gestimmt. Nach der Machtübernahme 1933 begannen die Nationalsozialisten mit der Verfolgung ihrer Gegner, die teilweise in „wilde KZs" verschleppt wurden. Einer dieser Folterkeller befand sich in der SA-Kaserne in der General-Pape-Straße. Spätestens Anfang 1934 wurden diese „wilden KZs" aufgelöst. An ihre Stelle traten staatlich durchorganisierte Konzentrationslager.
Bezirksämter wurden politisch entmachtet, das Schöneberger von „marxistischen und unlauteren Elementen gesäubert", indem alle Schlüsselpositionen mit Parteimitgliedern der NSDAP besetzt wurden.
Auch die Genossenschaft der Lindenhof-Siedlung blieb nicht von der Gleichschaltung verschont. In der Nacht zum Gründonnerstag, am 13. April 1933, wurden alle Vorstands- und Aufsichtsratsmitglieder mißhandelt und verhaftet, derer man habhaft werden konnte. Die „freien Stellen" besetzten die Nazis mehrheitlich mit Personen aus ihren Reihen. Trotzdem blieben einige „Volksgenossen" widerspenstig. Um sie gefügig zu machen, griff man zum Mittel öffentlicher Anprangerung. So hieß es 1933 im Mitteilungsblatt „Der Lindenhof" (Nr. 10): *„Einen beschämenden Vorfall müssen wir aber schon jetzt allen Siedlungsgenossen zur Kenntnis geben: Trotz Aufforderung des Versammlungsleiters zum Verbleiben im Saal haben bei dem Schlußwort vor dem Sieg-Heil auf unseren Führer und unser Vaterland die Siedlungsgenossen Karl Schmidt, Domnau-*

erstr. 11, Ernst Eckart, ... Brunhildstr. 10, Wilhelm Regeling, Bessemerstr. 68 den Saal verlassen." Über einen weiteren „Vorfall" berichtet dasselbe Blatt 1934. Am 16. September 1934 gab eine SA-Kapelle im Lindenhof-Park ein sonntägliches Platzkonzert, das offensichtlich kaum auf Interesse stieß: *„Leider war die Beteiligung respektive Würdigung der Veranstaltung sehr gering. Bei dem ausgesprochen nationalsozialistischen Charakter unserer Siedlungsgenossen mußte es einigermaßen überraschen, daß soviel Genossen mit ihren Ehefrauen durch Abwesenheit glänzten."* Zum Schluß der zackige Befehl: *„Also, werte Siedlungsgenossen, beim nächsten Platzkonzert ein voller Park!"*[19]
Immerhin waren 320 Bewohner der Lindenhof-Siedlung 1945 Mitglied der NSDAP.

Welthauptstadt „Germania"

Die Nationalsozialisten hatten 1937 beschlossen, Berlin bis 1950 zur Welthauptstadt „Germania" auszubauen. Durch umfangreiche Baumaßnahmen an Gebäuden, Straßen und Bahnanlagen sollten ganze Stadtviertel „umgepflügt" werden. Kernstück dieser Planungen war eine 120 Meter breite Nord-Süd-Achse, an deren Ende je ein großer Nord- bzw. Südbahnhof entstehen sollten. Im Rahmen der Umgestaltung Berlins war das Südgelände als riesiges Gleiszulauffeld für den Südbahnhof vorgesehen. Außerdem sollte dort ein großer Güter, – und Postbahnhof errichtet werden, und so wurden schon bald große Teile des Geländes geräumt. Auch ein Teil des Friedhofs St. Matthäus-Kirchhof II wurde eingeebnet. Als die Planung kriegsbedingt nicht mehr verwirklicht werden konnte, entstanden auf dem Südgelände bald neue Kleingärten. Auf den gerodeten Flächen wurden Flakstellungen installiert.
Der riesige Südbahnhof hätte östlich des heutigen S-Bahnhofes Papestraße entstehen sollen, von dessen Portal sich die Straßen-Achse nach Norden zum ebenfalls neuen Nordbahnhof ziehen sollte, flankiert von Monumentalbauten für Partei, Staat und Kultur. Das Olympiastadion, der Flughafen Tempelhof und das ehemalige Reichsluftfahrtministerium sind Beispiele für die geplante Monumentalität.
Etwa am Schnittpunkt der Dudenstraße mit dem Loewenhardtdamm sollte ein großer Triumphbogen entstehen. Da unklar war, wie sich solche massigen Baukörper nach Fertigstellung senken würden, errichtete man versuchsweise 1941 an der General-Pape-Straße/Ecke Loe-

wenhardtdamm einen Großbelastungskörper, der noch heute dort steht. Er wiegt 120 Tonnen je Quadratmeter Grundfläche. Bis Juni 1944 senkte sich der Klotz immerhin um 19 Zentimeter.
Zwar verlief die Trasse der Nord-Süd-Achse kaum über Schöneberger Gebiet, aber einige der geplanten Prachtbauten auf der westlichen Straßenseite hätten zu Schöneberg gehört: das Postministerium westlich der Anhalter Bahn auf dem Industriegelände an der Naumannstraße, direkt nördlich davon ein Opern- und ein Schauspielhaus. Etwa auf dem Gelände des S-Bahnhofes Großgörschenstraße war ein Wirtschaftsministerium vorgesehen, nördlich davon ein Kolonialministerium. Dem sollte sich nördlich – auf dem Gelände der Dennewitzstraße – das Verkehrsministerium anschließen. Am östlichen Ende der Lützowstraße war die Zentrale der AEG geplant. All diese und andere Baumaßnahmen in Schöneberg betrafen keineswegs zur Verfügung stehende Freiflächen, sondern dicht bebaute Innenstadtquartiere. Das bedeutete, daß ganze Straßenzüge abgerissen werden sollten, allein der Nord-Süd-Achse wären ca. 130.000 Wohnungen zum Opfer gefallen. Bereits 1939 wurden Häuser in der Großgörschen-, Katzler- und Hochkirchstraße von der Stadt angekauft und bis Ende 1940 fast vollständig entmietet. Der Verlauf des Zweiten Weltkrieges verhinderte ihren Abriß, man benötigte die leeren Wohnungen nun zur Unterbringung von Bombengeschädigten. Auch Juden wurden dort vor ihrer Deportation einquartiert. Die so freiwerdenden „Judenwohnungen" wiederum wurden an Bombengeschädigte vergeben.
Für die Menschen, die von der Räumung betroffen waren, hatte man Vorsorge getroffen. Am Grazer Damm wurde in den Jahren 1938–40 eine Wohnsiedlung mit 2.025 Wohnungen erbaut, die vornehmlich an ehemalige Bewohner der geräumten Häuser vermietet wurden. So entstanden Ein- bis Vierzimmerwohnungen mit Bad und Doppelfenstern, aber mit Ofenheizung. Der vierzig Meter breite Grazer Damm verweist zum einen auf die Idee monumentaler Stadtplanung, zum anderen boten breite Straßen im Falle kriegsbedingter Einstürze von Wohnhäusern bessere Fluchtmöglichkeiten. Die Anlage am Grazer Damm, die seit 1991 unter Denkmalschutz steht, zeichnet sich durch weite, begrünte Innenhöfe aus. Die relativ eintönige Fassadengestaltung wird stellenweise durch Reliefs von Tieren und Sagenfiguren mit völkisch-nationalsozialistischer Symbolik aufgelockert. Ein Relief am Haus Kauschstraße 5 weist noch heute auf die Entstehungszeit der Siedlung hin: es stellt einen Hitlerjungen dar. Über dem Hauseingang Nr. 7 ist ein BDM-Mädchen erkennbar.

Wohnsiedlung Grazer Damm, erbaut 1938–40

Die Neugestaltungspläne sahen auch etliche Straßendurchbrüche und runde Plätze vor. Einer davon war etwa auf der Schöneberger Dorfaue vorgesehen. Auch die „Schmuddelecke" Grunewald-/Ecke Potsdamer Straße sollte repräsentativ bebaut werden. Hier stand ursprünglich ein Sportpark mit Rollschuhhalle, Eislaufflächen und Tennisplätzen. Hinter dem ehemaligen Botanischen Museum erstreckten sich Schrebergärten. Auf anderen Teilen des Geländes fanden früher Wochenmarkt und Zirkus- oder Musikveranstaltungen statt.
Das Franck-Haus in der Potsdamer Straße 184, heute Teil der BVG-Hauptverwaltung, wurde zwar schon 1912 erbaut, war aber 1933 umgebaut worden. Für die Oberste Bauleitung der Reichsautobahnen entstand 1939 an der Potsdamer Straße 188–190 ein Verwaltungsgebäude. Gleich daneben, Potsdamer Straße 192/Ecke Grunewaldstraße wurde 1938/39 der Sitz der Hauptvereinigung der Deutschen Milchwirtschaft errichtet. In diesen Gebäuden ist heute die Hauptverwaltung der BVG untergebracht. Abgesehen von der Versetzung der Siegessäule vom Platz der Republik zum Großen Stern und dem erwähnten Großbelastungskörper an der General-Pape-Straße sind heute kaum noch Ansätze der nationalsozialistischen Umgestaltungsmaßnahmen zu sehen. Etwa 1942/43 wurden alle Arbeiten kriegsbedingt eingestellt.

Die Verfolgung der Schöneberger Juden

1933 gab es in Schöneberg 16.000 Juden. Nur in den Bezirken Mitte und vor allen Dingen in Wilmersdorf wohnten mehr. Während in Mitte, genauer gesagt im Scheunenviertel, die überwiegend aus Osteuropa eingewanderten ärmeren Juden lebten, konzentrierte sich der jüdisch-deutsche Mittelstand auf die gutbürgerlichen Wohnviertel des neuen Westens. Dazu zählt auch das Bayerische Viertel, so genannt, weil etliche Straßen nördlich der Grunewaldstraße nach bayerischen Städten benannt sind.

Zahlreich sind die Namen Prominenter, die Juden oder jüdischer Abstammung waren, die im Bayerischen Viertel und dessen Umgebung wohnten und meist 1933 emigrierten. Zu ihnen gehörten Schriftsteller wie Carl Zuckmayer. Von 1926 bis 1933 hatte er eine kleine Dachwohnung in der Fritz-Elsas-Straße 18 gemietet. Sein wohl berühmtestes Werk, „Der Hauptmann von Köpenick", entstand 1931; er schrieb auch das Drehbuch zum Film „Der blaue Engel" mit Marlene Dietrich. Auch der Journalist und Schriftsteller Egon Erwin Kisch lebte in den zwanziger Jahren in Schöneberg, zunächst in der Hohenstaufenstraße 36, später Bayreuther Straße 10. Er wechselte mehrfach seinen Wohnsitz, blieb dem Bezirk aber immer treu. Thomas Mann hatte zwischen 1913 und 1922 seine Wohnung in der Nachodstraße 12. Der Philosoph und Schriftsteller Walter Benjamin verbrachte seine Kindheit in der Kurfürstenstraße 154. Der Physiker Albert Einstein wohnte von 1918 bis zu seiner Auswanderung 1933 in der Nördlinger Straße 8. In diesem Haus, das heute nicht mehr steht, vollendete er 1916 seine Relativitätstheorie und erfuhr 1921 von seiner Wahl zum Nobelpreisträger. Der Psychoanalytiker Erich Fromm hatte 1930 am Bayerischen Platz 1 eine Praxis eröffnet. Vier Jahre später emigrierte er in die USA.

Nicht nur jüdische Künstler, Ärzte und Rechtsanwälte lebten hier, es gab auch zahlreiche Geschäfte, in denen man koschere Lebensmittel kaufen konnte. Darüber hinaus existierten etliche kulturelle und religiöse Einrichtungen und Vereinigungen. Zu ihnen gehörte beispielsweise die „Kunst- und Kunstgewerbeschule Reimann". Sie wurde zwei Jahre nach ihrer Gründung 1904 in die Landshuter Straße 38 verlegt. Bereits 1927 hatte die Schule über 1.000 Schüler. 1935 übertrug Reimann die Verwaltung der Schule dem Architekten Hugo H. Der nutzte die beginnende Rechtlosigkeit der Juden und zahlte nicht die vereinbarte Miete. 1942 wurden Gebäude und Vermögen eingezogen und die Bildpressestelle des Reichspropagandaministeriums im Schulgebäude untergebracht. Reimann hatte Deutschland bereits 1936 Richtung London verlassen. Dort eröffnete er eine neue Schule, die aber – wie sein Berliner Haus – im Krieg zerbombt wurde.

In den allgemeinbildenden Schulen im Bayerischen Viertel war der Anteil jüdischer Schüler recht hoch. So hatte man in der heutigen Löcknitz-Grundschule in der Berchtesgadener Straße 10/11 in den Jahren 1926/27 eigene jüdische Klassen eingerichtet, die von jüdischen Lehrern unterrichtet wurden. Das seit 1903 bestehende Werner-Siemens-Realgymnasium in der Hohenstaufenstraße 48/49 hatte in den zwanziger Jahren einen jüdischen Schüleranteil von konstant 50%. Darunter war auch ein Schüler namens Marcel Reich-Ranicki. Es gab aber auch rein jüdische Kindergärten und Schulen, so „Zickels höhere Privatschule für Knaben und Mädchen" in der Kufsteiner Straße 16. Schöneberg hatte zwei Synagogen, die größere mit 836 Plätzen wurde am 12. Juni 1910 in der Münchener Straße 37 eröffnet. Das Pogrom 1938 hatte sie überdauert; später wurde sie Sammelstelle für die Zwangsablieferung von Radios, Fahrrädern, Wollsachen, Kämmen und Scheren, später auch für das Gepäck der Deportierten. An das Gebäude, das im Krieg stark beschädigt worden war und 1956 abgerissen wurde, erinnert seit 1963 ein Gedenkstein. Schon seit 1906 hatte im Hinterhof der Passauer Straße 2 eine kleinere Synagoge bestanden, die in der Pogromnacht 1938 demoliert wurde. Der Portier, der den Synagogenschlüssel nicht an die SA herausgeben wollte, wurde auf der Stelle erschossen. Auch viele kleine Betstuben wurden 1938 verwüstet. Eine von ihnen war seit 1933 in einer Privatwohnung in der Friedenauer Stierstraße 21 untergebracht.

Ein Beispiel für sogenannte „Arisierungsmaßnahmen" ist das Kaufhaus Lesser, das sich ursprünglich an der Kolonnen-/Ecke Czeminskistraße befand. Im Jahre 1906 erwarb Lesser das 1891 erbaute gegenüberliegende Gebäude Kolonnen-/Ecke Leberstraße. Nach dem Tod ihres Mann führte Frau Lesser den Laden weiter. 1940 verkauft sie das Geschäft, um Geld für die geplante Auswanderung zu bekommen. Doch dazu kam es nicht mehr. Frau Lesser mußte ihre Wohnung verlassen, sie wurde im „Haus Levin" in der Levetzowstraße 7/8 in Tiergarten untergebracht, einer Sammelstelle für Menschen, die deportiert werden sollten. Frau Lessers Vermögen wurde am 15. Oktober 1941 „zugunsten des deutschen Reiches" eingezogen. Drei Tage später wurde sie in einem Sammeltransport ins Ghetto nach Lodz verschleppt, wo sich ihre Spur verliert. Die Wohnung wurde am 27. Oktober aufgelöst, die Einrichtung versteigert.

Albert Einstein 1927 in seinem Arbeitszimmer in der ehemaligen Haberlandstraße

Im Zuge der „Arisierung“ wurden auch jüdische Hauseigentümer zwangsenteignet oder durch Nötigung zum Verkauf gebracht. Jüdische Mieter konnten aufgrund ihrer Religionszugehörigkeit fristlos gekündigt werden und mußten in sogenannte „Judenhäuser“ umziehen. Dabei handelte es sich um Mietshäuser, die noch in jüdischem Besitz waren. Mehrere Familien hatten sich dann eine Wohnung zu teilen. Ein solches „Judenhaus“ war beispielsweise das Haus Bamberger Straße 22/Ecke Güntzelstraße. Hier lebte Inge Deutschkron, die durch das Buch „Ich trug den gelben Stern“ bekannt wurde.
Mit welchen Mitteln Juden aus ihren Wohnungen getrieben wurden, zeigt ein Schreiben der Wohnungsfürsorgestelle Berlin vom 12. Februar 1936 an das Amt für Siedlungs- und Wohnungswesen: *„Aus Mieterkreisen wird der Wunsch an uns herangetragen, mit Rücksicht auf die Knappheit an kleineren Wohnungen nichtarische Mieter zu kündigen und diese Wohnungen deutschen Familien zur Verfügung zu stellen.“*[20] Was das konkret bedeutete, ist aus einem Brief der Jüdin Betty Bohne an ihren 1937 in die USA emigrierten Sohn Werner vom 22. August 1938 zu ersehen: *„Da der Haushalt nicht mehr aufrecht erhalten werden kann, haben wir gestern Herrn K. unsere Wohnung zum vermieten aufgegeben, und zwar wenn es ihm glückt mit Möbel, auch interessieren wir uns dafür, einzeln Möbel los zu werden. Vati und ich ziehen in ein möbl. Zimmer, denn ich habe mein Essen, und Vati geht zu Tante Else essen, ... Nun müssen wir uns auf diese Weise durchhelfen.“*[21] Das Ehepaar Bohne wurde 1941 nach Riga deportiert und dort ermordet.

Die zerstörte Synagoge in der Passauer Straße, um 1950

Die meisten deutschen Nachbarn sahen der Judenverfolgung schweigend zu oder billigten sie gar, doch gab es sowohl Hilfe wie auch Denunziation. Am 5. Februar 1943 gegen 17.00 Uhr erschien auf dem 173. Polizeirevier „der Hauswirt des Hauses Eisenacher Str. 80 ... und erklärte, daß laut eines fernmündlichen Gespräches mit der Stapo nachstehende Juden festzunehmen und der Stapo eingeliefert werden sollen." Es folgten Namen und Anschrift von vier Personen. *„Am 6.2.43, gegen 06.50 Uhr, wurden die oben genannten Juden in ihrer Wohnung Berlin-Schöneberg, Eisenacher Str. 89, durch Owm. d. Sch.- d. Res. und mich festgenommen, und dem Revier zwecks Einlieferung mittels Gefangenentransportwagen zugeführt."*[22] Das Polizeitätigkeitsbuch des 173. Polizeireviers nennt mehrere solche Fälle.

Einige evangelische und katholische Pfarrer sprachen in ihren Predigten deutliche Worte und versuchten, den Verfolgten beim „Untertauchen" zu helfen. Das hatte in der Regel Haussuchungen, Verhöre und kurzzeitige Haft zur Folge. Die meisten Geistlichen im Bayerischen Viertel sympathisierten mit den regimetreuen Deutschen Christen, aber es gab auch in Schöneberg Menschen von wirklich christlicher Gesinnung. Zum Beispiel Georgette Gruschke († 14.4.1989). Sie nahm vom 8. Januar 1943 bis zum Kriegsende den Juden Martin Wasservogel in ihre Wohnung in der Pallasstraße 14 auf und riskierte damit die eigene Verhaftung.

Eine Jüdin, die ihre Wohnung verlassen mußte, erinnert sich: *„Nachdem ich die Sachen bei Frau Frdl. abgegeben hatte, ging ich noch einmal durch die*

Wohnung um Abschied zu nehmen von den Räumen, in denen ich so manche schöne, aber auch die furchtbarsten Stunden meines Lebens verbracht hatte ... Ich drückte meinen Kopf ein letztes Mal in die Kissen, aber weinen konnte ich nicht. Ich nahm nichts weiter als mein Handtäschchen und so verliess ich die Heilbronner Strasse 26 für immer. Als ich das Haus ... verliess, standen ein paar Naziweiber vor der Haustür. Ich merkte sofort, dass sie von mir sprachen. Da ich gar kein Gepäck bei mir hatte, ahnten sie nicht, dass ich nie mehr wiederkehren werde, sonst hätten sie mich sicher festgehalten, um mich der Gestapo auszuliefern. In einer ganz unbeschreiblichen inneren Verfassung ging ich nun planlos die Strassen entlang. Ich hatte gar kein Ziel ... Und wie ich so ging, sah ich plötzlich einen SS-Mann auf mich zukommen. Er brüllte mich an, ich sollte mich nach Hause scheren, um abgeholt werden zu können ... Das war ungefähr am Prager Platz. Ich lief in das nächste Haus, er kam mir nicht nach ... Ich riss mir den Stern vom Mantel."[23]
An die 6.000 deportierten Schöneberger Juden erinnern seit 1993 achtzig kleine Tafeln mit nationalsozialistischen Gesetzestexten, die im Bayerischen Viertel an Straßenschildern angebracht wurden. Sie dokumentieren Einschränkungen, Ausgrenzungen und Entrechtung: „Juden werden aus Gesangsvereinen ausgeschlossen, 16.8.1933" oder „Juden sollen keine Seife und Rasierseife mehr erhalten, 26.6.1941".

Verfolgung und Widerstand

In Schöneberg waren auch etliche „Fremdarbeiter" zwangsbeschäftigt, zum Beispiel im Rüstungsbetrieb an der Monumentenstraße 35. Sie schliefen im Dachgeschoß des benachbarten alten Pferdehofes eines Fuhrunternehmers, der dort 1892 seinen Betrieb eröffnet hatte und der 1929 von der BVG übernommen worden war. Auf dem Südgelände waren Zwangsarbeiter in Massenlagern gefangengehalten, die zu kriegswirtschaftlichen Arbeiten eingesetzt wurden. Auch private Betriebe konnten sich dort mit Arbeitskräften „versorgen". Der Sozialdemokrat Julius Leber, ehemaliger Reichstagsabgeordneter und aus dem Konzentrationslager freigekommen, war in Berlin untergetaucht und 1939 Mitinhaber einer Kohlenhandlung in der Torgauer Straße 20 geworden. Da eine Kohlenhandlung als kriegswirtschaftlich wichtig eingestuft war, hatte auch Leber die Möglichkeit, Zwangsarbeiter bei sich zu beschäftigen.Und die nutzte er, um Russen wenigstens für einen Tag aus dem Lager zu holen. In seiner Kohlenhandlung bekamen sie besseres Essen und hatten keine Repressalien zu befürchten. Die Kohlenhandlung war

Dr. Erich Klausener, Leiter der „Katholischen Aktion", in seinem Büro erschossen 1943

Julius Leber, Reichstagsabgeordneter, Mitglied des 20. Juli, 1945 in Plötzensee hingerichtet

auch Treffpunkt von Widerstandskämpfern, vor allem für Mitglieder der Verschwörergruppe um den 20. Juli. In der geplanten provisorischen Regierung der Gruppe des 20. Juli war Leber als Innenminister vorgesehen. Im Sommer 1944 wurde er durch die Gestapo verhaftet, im Herbst zum Tode verurteilt und am 5. Januar 1945 in Plötzensee hingerichtet. Seit 1947 tragen eine Straße und eine Brücke in Schöneberg seinen Namen.

Widerstand wurde auch in der Wohnung von Dr. Alexander Schwab in der Martin-Luther-Straße 47 geplant. Hier war ein illegales Büro und der Treffpunkt der kommunistischen „Roten Kämpfer". In der Wilhelmshöher Straße 18/19 betrieb die Schulze-Boysen-Harnack-Gruppe (Rote Kapelle) eine geheime Funkstation. Zum kirchlichen Widerstand in Schöneberg ist vor allem der Jurist Friedrich Justus Perels zu zählen, der 1910 in Friedenau geboren wurde. Er war nach 1936 als Rechtsberater der Bekennenden Kirche tätig, die in Opposition zu den Deutschen Christen stand. Einer der bekanntesten Vertreter der Bekennenden Kirche in Schöneberg war Pfarrer von Rabenau von der Apostel-Paulus-Gemeinde. Im Zusammenhang mit dem 20. Juli wurde Perels am 5. Oktober 1944 verhaftet und vom Volksgerichtshof am 2. Fe-

bruar 1945 zum Tode verurteilt. In der Nacht vom 22. zum 23. April 1945 wurde er ohne Vollstreckungsbefehl von einem SS-Kommando in der Nähe des Lehrter Bahnhofes erschossen. 1961 wurde der Maybachplatz nach Perels benannt. Er hatte das Gymnasium besucht, das seit 1903 an diesem Platz steht. Auch etliche Katholiken wandten sich gegen das NS-Regime. In der Keithstraße 8 wohnte der Leiter der „Katholischen Aktion", Ministerialdirektor Erich Klausener. Er organisierte katholische Großveranstaltungen, darunter am 24. Juni 1934 einen Katholikentag in Hoppegarten mit 60.000 Teilnehmern. Sechs Tage später wurde Klausener in seinem Büro von einem SS-Mann erschossen.
Wenn von Widerstand und Verfolgung in Schöneberg die Rede ist, darf der Volksgerichtshof nicht ungenannt bleiben. Sein Sitz war eigentlich in der Bellevuestraße 15, neben dem Hotel Esplanade. Es war in erster Linie für Hoch- und Landesverrat zuständig, tagte aber nicht immer an diesem Ort. So wurden die Attentäter des 20. Juli im alten Kammergericht am Kleistpark abgeurteilt. Allein zwischen 1942 und 1944 wurden von diesem Gericht 4.951 Menschen zum Tode verurteilt.

Der „totale Krieg"

Kurz nach der Schlacht von Stalingrad inszenierten die Nazis jene legendäre Kundgebung im Sportpalast, auf der der „totale Krieg" verkündet wurde. Am 15. Februar 1943 stellte Goebbels dem „deutschen Volk", das hier durch Rüstungsarbeiter, Soldaten, Kriegsversehrte und Deligierte von Parteiorganisationen repräsentiert sein sollte, zehn Fragen. Die Veranstaltung, die vom Rundfunk in alle Himmelsrichtungen, das hieß auch über die Fronten hinweg, übertragen wurde, gipfelte in Goebbels' Frage: „Wollt ihr den totalen Krieg? Wollt ihr ihn, wenn nötig, noch totaler und radikaler, als wir ihn uns heute überhaupt vorstellen können?" Die Massen schrien: „Jaaaaa!" und: „Führer befiehl, wir folgen!" Goebbels schloß die Kundgebung mit dem ihm eigenen Pathos: „Nun, Volk, steh' auf, und Sturm, brich' los!"
Aber der Sturm war längst losgebrochen. Bei einem Luftangriff zwei Wochen später, am 1. März 1943, warfen 251 Maschinen der Royal Air Force, von denen zehn abgeschossen wurden, zwischen 21.39 Uhr und 23.50 Uhr 35 Luftminen, 191 Sprengbomben, 38 Flüssigkeitsbrandbomben und 300 Leuchtbomben über Berlin ab. Oskar Dahlke hat diesen Angriff erlebt und berichtete darüber zum 50. Jahrestag im Tagesspiegel: *„... Das Heulen in der Luft verstärkte sich, kam näher, wurde*

zum Rauschen, der Boden wackelte, schien sich zu wellen. Wie von Geisterhand wurde die Luftschutztür aufgedrückt, ... Kalk rieselte von der Decke, danach Stille, vorbei ... Am Perelsplatz sahen wir auf der anderen Seite der Parkanlage, der Handjerystraße, eine Feuerwand. Der Rauch reizte unsere Augen und Lungen ... Starker Funkenflug behinderte uns. Die Häuser brannten lichterloh ... Am nächsten Morgen ... wollte (ich) in die Illstraße einbiegen, doch gleich ganze vorn stieß ich auf eine quer über die ganze Straße reichende Absperrung, kein Durchgang. Kontrolle durch Polizei und Luftschutz. Unmittelbar hinter der Sperre waren Hausbewohner bemüht ... ihre Habe zu sichern ... Endlich hatte ich den Blick frei in die Illstraße. Ein schrecklicher Anblick bot sich mir, eine zerstörte Straße. Vorn rechts und links Häuser, dann wurde die Straße merkwürdig licht und weit. Eine Sprengbombe ... hatte die Illstraße getroffen und die Fassaden der Häuser zu beiden Seiten der Straße kraterförmig heruntergerissen ... Da, wo unsere Wohnung im Erdgeschoß einmal war, brannte es, züngelten noch die Flammen. Ich stand erschüttert und hilflos davor ..."

In Schöneberg wurden neben zahlreichen Wohngebäuden auch etliche Industriewerke in Mitleidenschaft gezogen. Schwere Sachschäden entstanden am Gaswerk und bei der Firma Neumann & Born in der Bülowstraße 56. Totalschäden erlitten die Schloßbrauerei in der Feurigstraße, die Firma Meisenbach & Riffarth in der Hauptstraße 7/8, sowie der Radiologie-Betrieb in der Kurfürstenstraße 146/147. Auch der Sportpalast blieb nicht verschont. Im „totalen Krieg" brannte er am 30. Januar 1944, dem 11. Jahrestag der „Machtergreifung", nach einem Bombenangriff bis auf die Grundmauern nieder. Nur das stählerne Dachgerüst blieb erhalten. Der bekannteste Bunker in Schöneberg ist der Hochbunker in der Pallasstraße. Mit seinem Bau wurde 1944 begonnen, er sollte als Schutzraum für das benachbarte Fernmeldeamt in der Winterfeldtstraße dienen. Der viergeschossige Bunker, dessen Wände und Decken zweieinhalb Meter dick sind und aus armiertem Beton bestehen, wurde aber lediglich im Rohbau fertig und verfügt nicht ein-

„Sozialpalast" über dem Bunker in der Pallaststraße, 1997

mal über Treppen. Dennoch wurde er gegen Ende des Krieges von den Anwohnern als Schutzraum genutzt. Nach dem Krieg sollte er gesprengt werden, widerstand aber allen Bemühungen und mußte deshalb in die Bebauungspläne einbezogen werden. In den siebziger Jahren war vorgesehen, im „Ernstfall" Dienststellen des Senates in dem Bunker unterzubringen, 1986 – 89 baute man ihn schließlich zum öffentlichen Schutzraum vor Atomangriffen für 4.700 Personen um. Wegen fehlender Luftfilter bietet er allerdings keinen Schutz vor biologischen oder chemischen Waffen.
Der verheerende Bombenangriff, der in der Nacht vom 23. zum 24. August 1943 weite Teile von Lankwitz und Südende in Schutt und Asche legte, traf auch den Lindenhof. In dieser einen Nacht wurden fast zwei Drittel der Wohnungen unbewohnbar, weitere 238 schwer beschädigt. Das Heim wurde ebenfalls schwer getroffen und konnte später nur noch abgerissen werden. Bis zum 20. März 1945 gab es in der Siedlung noch viermal Bombenschäden.
Um Bombeneinschläge und Brandherde möglichst schnell an die Befehlsstelle des Luftschutzes zu melden, hatte man auf dem Turm des Rathauses Schöneberg Beobachterposten eingerichtet. Zu einem tragischen Vorfall kam es während eines Bombenangriffes am 3. Februar 1945. Der U-Bahnhof Bayerischer Platz erhielt einen Volltreffer, wodurch die Tunneldecke einstürzte. 63 Personen kamen ums Leben. Einige Tage später wurde ein hinterer Flügel des Schöneberger Rathauses getroffen. Die Trümmer durchschlugen die Decke des Luftschutzkellers vor dem Befehlsbunker. Dabei gab es 178 Tote.

Kriegsende

Bereits Anfang März 1945 begannen die Arbeiten an sinnlosen Panzersperren. Soldaten, aber auch Zivilisten, die sich weigerten, den absurden Kampf fortzusetzen, wurden unnachgiebig verfolgt, einige öffentlich gehängt. Einer dieser Ermodeten war der Obergefreite Höhne. Der „Panzerbär, Kampfblatt für die Verteidigung Großberlins" lieferte am 25. April die ideologische „Erläuterung" für die grausame Tat: *„Dieser Verräter, der da hängt, von der Bevölkerung gerichtet, kann uns nicht mehr schaden. Da hängt ein Deserteur. Einige Kilometer weiter stehen Männer, Jünglinge, ja sogar Frauen im harten Abwehrkampf und erleben ihre höchste Bewährung. Sie greifen ein ... sie fragen nicht mehr nach ihrem Leben, sie wollen weiter ... alles tun ... die östlichen Steppenhorden von ihren Heimat-*

Mai 1945: Sowjetische Granatwerfer am Kaiser-Wilhelm-Platz

straßen zu vertreiben." An die Ermordung des Obergefreiten Höhne erinnert seit dem 8. Mai 1985 eine Gedenktafel auf dem Mittelstreifen an der Ecke Haupt-/ Dominicusstraße.

Die Eroberung Berlins begann am 22. April, die Bombenangriffe wurden zwei Tage später eingestellt. Schon seit dem 23. April war das Rathaus Schöneberg geschlossen. Fünf Tage später setzte sich die politische Spitze des Bezirksamtes in Richtung Zoo-Bunker ab, nachdem etliche Geheimpapiere verbrannt worden waren. Zu dieser Zeit, am 27. April, erreichte die Rote Armee die Lindenhof-Siedlung und damit den Bezirk Schöneberg. Noch am gleichen Tag nahmen die Sowjets Friedenau so gut wie kampflos. Gegen 13 Uhr wurden die ersten russischen Soldaten auf dem Breslauer Platz gesichtet. Auf dem Wasserturm auf dem Südgelände, wo später russische Soldaten in Eisenbahnwaggons kampierten, wehte die erste sowjetische Fahne in Berlin. Das Schöneberger Rathaus wurde am 29. April, morgens zwischen 4 und 7 Uhr, von den Russen besetzt. Sie plünderten sämtliche Vorräte des Ratskellers, vor allem an Wein und Schnaps, aber auch Haushaltsgegenstände. Was sie nicht mitnahmen, wurde kurz und klein geschlagen.

In diesen letzten Apriltagen wurden auch immer wieder Lebensmittelgeschäfte geplündert, von Sowjets, aber auch von Deutschen, wie zum Beispiel in der Hohenfriedbergstraße. Jegliche Ordnung war zusammengebrochen. Straßen, die bisher den Krieg einigermaßen schadlos überstanden hatten, boten ein Bild schlimmster Verwüstung. Während der

Straßenkämpfe hatte sich die Zivilbevölkerung in Bunker und U-Bahntunnel geflüchtet. Unter dem Datum vom 3. Mai notierte eine Zeitzeugin: *„Bei der Beschiessung haben sich im untersten Bahnhof des Nollendorfplatzes ca. 20 Tsd. Menschen geflüchtet, die 4 Tage und 4 Nächte dort aushielten, ohne Wasser, ohne Nahrung ... Menschen starben, Kinder wurden geboren, Verletzte geborgen, dazu die Luft von dem Unrat zum Ersticken ... Als der Bahnhof ... übergeben wurde, haben die Menschen über zwei Stunden gebraucht, um herauszukommen und oben hätten Berge von Leichen gelegen."*[24]
Im Rathaus Friedenau explodierte am 1. Mai Munition, woraufhin ein Brand in dem Gebäude ausbrach. Um wenigstens Teile der ebenfalls dort befindlichen Bücherei zu retten, warf man zwei Drittel des Bestandes aus dem Fenster. Zwar wurden sie nun nicht mehr ein Raub der Flammen, dafür aber von Passanten, die sie aufsammelten und mit nach Hause nahmen – ohne Leihkarte.
Schöneberg hatte durch Flucht, Evakuierung, Tod oder Deportation 47,6 % seiner Bevölkerung verloren. Die Zahl der Einwohner war im August 1945 fast auf den Stand von 1904 gesunken: knapp 150.000. Der Bezirk hatte 35,7 % des Wohnungsbestandes verloren. 2.240 Wohnungen waren total zerstört, 14.700 Wohnungen hatten mittlere oder schwere Schäden.
Am 7. Mai nahm die erste provisorische Bezirksregierung ihre Arbeit auf. Für Friedenau war sie nicht zuständig, der Schöneberger Ortsteil war bis zum 28. Juli eigenständiger Verwaltungsbezirk. Das übrige Schöneberg wurde in zehn Unterbezirke aufgeteilt, denen je ein Unterbezirksleiter vorstand. Selbstverständlich waren alle diese Verwaltungen der sowjetischen Besatzungsmacht gegenüber weisungsgebunden. Die ersten Bezirksbürgermeister der Stadt wurden nicht demokratisch gewählt, sondern eher zufällig von den Russen bestimmt. Die meisten waren Sozialdemokraten oder Kommunisten. Hilde Radusch, nach dem Krieg Leiterin des Schöneberger Bezirkausschusses „Opfer des Faschismus", erinnert sich: *„... da standen alle möglichen Leute zusammen, die gerade aus den Gefängnissen, Zuchthäusern und KZs gekommen waren ... Da kam ein russischer Offizier mit furchtbar vielen Orden und fragte, worüber sie sich denn da unterhalten. Ja, sagten sie, wir brauchen für Schöneberg einen Bürgermeister. Und da hat der russische Offizier gesagt: ‚Nun ja, das ist doch ganz einfach: Wieviel Jahre hast Du gehabt (also Gefängnis, Zuchthaus oder KZ, das war egal)? 4 Jahre. Und Du? 5 Jahre ... Und wer hat am meisten? Grändorf, 15 Jahre ... also wird er Bürgermeister."*[25]
Bürgermeister wurde also Ferdinand Grändorf, Mitglied der KPD. Aufgrund seiner angegriffenen Gesundheit und auch wegen mangelnder Er-

Nebenstelle des Rathauses, Hauptstraße 19, im Juni 1945

fahrung blieb er nur bis Juli 1945 im Amt. Sein Nachfolger war der Sozialdemokrat Erich Wendland. Die „Bürgermeisterei" war zunächst noch in der Hauptstraße 19 untergebracht, den ehemaligen Räumen der NS-Frauenschaft. Offenbar war das Rathaus zu dieser Zeit noch nicht wieder voll nutzbar.

Bezirksstadtrat für Finanzen und Steuern wurde Otto Grotewohl. Da er gleichzeitig Vorsitzender des SPD-Zentralausschusses war, gab er seine kommunale Tätigkeit im September 1945 auf. Grotewohl, 1894 in Braunschweig geboren, war Minister im Braunschweiger Landtag gewesen, von 1925 – 1933 auch Reichstagsabgeordneter. Seine Tätigkeit als Präsident der Landesversicherungsanstalt mußte er 1933 aufgeben und sich seither mit verschiedenen Tätigkeiten durchschlagen. Seit 1938 lebte er in Berlin und wohnte längere Zeit in der Motzstraße 22. Er wurde 1949 Ministerpräsident der DDR und blieb das bis zu seinem Tod 1964.

Auch eine andere Sozialdemokratin hatte es bei Kriegsende nach Schöneberg verschlagen, Luise Schroeder, die 1947/48 Oberbürgermeisterin Berlins war. Im Krieg zweimal ausgebombt, kam sie 1945 in einer halbzerstörten Wohnung in der Peter-Vischer-Straße 5 unter.

Am 13. Mai fand das erste Symphoniekonzert im Bürgersaal des Schöneberger Rathauses statt. Drei Tage später war Schöneberg bereits wieder an das Strom- und Wassernetz angeschlossen. Die ersten Schulen wurden Ende Mai wieder eröffnet, allerdings durften Lehrer, die Mitglied der NSDAP gewesen waren, nicht wieder tätig werden. Damit

Winterfeldplatz 1946. Im Hintergrund die Kuppel des Hochbahnhofs Nollendorfplatz

einher gingen weitere Entnazifizierungsmaßnahmen. 8.500 ehemalige Schöneberger Parteimitglieder wurden erfaßt. Sie wurden zu Arbeitseinsätzen herangezogen und erhielten bis September 1945 Lebensmittelkarten mit geringeren Zuteilungen. Hausbesitz führender Nazis wurde in treuhänderische Verwaltung übernommen. Dabei schoß man teilweise über das Ziel hinaus: Man beschlagnahmte die Wohnungen einfacher, unbedeutender Parteimitglieder und wies sie (vermeintlichen) Opfern des Faschismus zu. Das führte vielfach zu heftigen Auseinandersetzungen.

Anfang Juli rückten die Westalliierten in ihre Sektoren ein. Schöneberg wurde amerikanisch. Die US-Army beschlagnahmte am 5. Juli 81 Wohnungen in der zu fast 80% zerstörten Lindenhof-Siedlung. Nach und nach wurden die Wohnungen wieder geräumt, weil die Soldaten in Kasernen untergebracht wurden, hauptsächlich in Lichterfelde und Zehlendorf. Um diese Kasernen herum siedelten sich andere Einrichtungen der US-Army an, so daß es in Schöneberg kaum militärische Objekte gab. Kaum – der Prälat in der Hauptstraße 122 wurde am 6. August 1945 beschlagnahmt. Er diente fortan als Roosevelt-Club für die 82. US-Luftlande-Division. Am 21. Mai 1946 richtete dort das amerikanische Rote Kreuz seinen Club ein. Der Prälat wurde 1949 wieder für die deutsche Bevölkerung freigegeben. Um auch in Schöneberg militärische Präsenz zu zeigen, fand im September 1945 eine Parade von Einheiten der 82. Airborne-Division auf dem Grazer Damm statt.

Nicht sonderlich begeistert war die amerikanische Militärregierung darüber, daß etliche führende Funktionen in Schöneberg und Friedenau mit Kommunisten besetzt waren. So mag bei der Maßnahme, die Abtrennung Friedenaus rückgängig zu machen, auch der Gedanke mitgespielt haben, daß mit der Auflösung der Friedenauer Verwaltung sämtliche Friedenauer Kommunalpolitiker der KPD ihre Posten verloren.
Damals konnten sich die Soldaten aller vier Sektoren noch frei im gesamten Stadtgebiet bewegen. Am frühen Abend des 29. Dezember 1945 wurden am Schöneberger Rathaus zwei Polizisten von sowjetischen Soldaten mit der Waffe bedroht. Ein anderer Vorfall ereignete sich etwa einen Monat später, am 24. Januar 1946. Gegen 15 Uhr stürmten sowjetische Soldaten die Lebensmittelläden der Lindenhof-Siedlung. Bevor die amerikanische Militärpolizei eintraf, waren alle Geschäfte geplündert.
Der sogenannte „Alliierte Kontrollrat", der sich am 30. Juli 1945 im US-Hauptquartier an der Zehlendorfer Clayallee konstituiert hatte, wählte als künftigen Tagungsort das Kammergericht am Kleistpark, da die sowjetische Delegation einen Sitz im sowjetischen Sektor ablehnte. Am 10. August 1945 trat dann der Kontrollrat zum ersten Mal in Schöneberg zusammen. Die Sowjet-Delegation verließ das Gremium am 20. März 1948 nach 82 Sitzungen endgültig. Damit war der Alliierte Kontrollrat lahmgelegt, da keine gemeinsamen Beschlüsse mehr möglich waren.
Der Interalliierte Gerichtshof, der die Nürnberger Prozesse durchführte, nutzte das Kontrollratsgebäude am 9. Oktober 1945 zu seiner ersten Sitzung. Der erste und einzige Prozeßtag in Berlin, an dem die Anklageschriften überreicht wurden, war der 8. Oktober und fand nicht zufällig im selben Raum statt, in dem die Attentäter des sogenannten 20. Juli abgeurteilt worden waren.
Im Februar 1946 nahm eine weitere interalliierte Einrichtung, die Luftsicherheitszentrale, im Kontrollratsgebäude ihre Arbeit auf. Sie kontrollierte den Luftraum über Berlin in einem Radius von 32 Kilometern und bis zu einer Höhe von 3.000 Metern. Ungeachtet aller politischen Spannungen arbeitete die Luftsicherheitszentrale bis zur deutschen Einheit problemlos.
Das Kontrollratsgebäude, ehemals Kammergericht, umfaßt etwa 500 Räume, von denen die Luftsicherheitszentrale aber nur ungefähr 40 benötigte. Da die Berliner Justiz ständig unter Raumnot litt, bemühte man sich darum, die übrigen Räume nutzen zu können, doch ohne Erfolg. Nach der Übergabe des Hauses durch die Amerikaner im Februar 1991 stand einer Nutzung gemäß seiner ursprünglichen Bestimmung nichts mehr im Wege. Das Kammergericht hat seine alten Räume ebenso bezogen wie die Staatsanwaltschaft beim Kammergericht.

Die Nachkriegsjahre

Der Wiederaufbau

„Dudenstraße, Kolonnenstraße, Hauptstraße, rechts die Kirche, in der ich eingesegnet worden war ... der Wasserturm draußen am Priesterweg gleich hinterm Friedhof, auf dem Vater und Großmutter liegen. Niedergeschlagener, verkniffener, das Zerbombte. Straßen gefegt, Bombenkrater gereinigt, Steine geschichtet. Zerlumptes, Zerschlissenes geordnet und geschrubbt. Gewaschene Reste, gebohnertes Brachland; bandagiert, gemaßregelt, groß reine gemacht. Trostloser als damals, trostlos wie Soldatenfriedhof mit frischem Gedenktagskranz ... Der Wind blies Mörtelstaub von Mauersteinwürfeln, wirbelte ihn über die löchrige Fahrbahn.“[26] So sah Hildegard Knef Schöneberg 1949.

In dem schwer zerstörten Bezirk begannen die Wiederaufbauarbeiten. Da kaum männliche Arbeitskräfte vorhanden waren, machten sich die Frauen ans Aufräumen: Mauersteine wurden geputzt und gestapelt, Loren be- und entladen, Gerüste aufgestellt und Sprengarbeiten durchgeführt. Es waren die berühmten Trümmerfrauen, die meist nur mit bloßen Händen den Schutt wegräumten.

Aber wohin damit? Zunächst dachte man daran, die ohnehin zerstörten Grünanlagen mit dem Schutt aufzufüllen, zum Beispiel den tief gelegenen Stadtpark. Schließlich entschloß man sich aber dazu, die Trümmer auf freiem Gelände zu riesigen Bergen zusammenzufahren. In Schöneberg fand sich ein solcher freier Platz am Ende des Südgeländes an der Grenze zu Steglitz. 1946 fing man mit der Aufschüttung an. Um die gewaltigen Schuttmassen überhaupt transportieren zu können, wurde eigens dazu ein dampfgetriebenes Schmalspurbahnnetz angelegt, das bis zum Winterfeldtplatz reichte, für Arbeitswagen der BVG wurde eine besondere Oberleitung installiert. Die 1,6 Millionen Kubikmeter Trümmermasse türmten sich schließlich über 70 Meter hoch. Nun wurde der Berg „modelliert“, so daß zwei Kuppen mit 75 und 71 Metern Höhe entstanden. Den Nordhang flachte man so ab, daß er im Sommer als Liegewiese und im Winter als Rodelbahn genutzt werden kann. Nachdem man Erde aufgebracht hatte, konnte das Gelände bepflanzt werden.

1951 fand schließlich die Einweihung des Geländes statt. Der Name „Insulaner“ ging aus einem Preisausschreiben Schöneberger Schulkinder hervor und erinnert an die damalige Insellage West-Berlins. Der

Die Einweihung des Insulaners, 1951

gende Inschrift: *„Der Insulaner – geschaffen in den Jahren 1946 bis 1951 aus Trümmern des Zweiten Weltkrieges trotz Not und Blockade. Berlin-Schöneberg, 11. August 1951.“*

Obwohl sich der Name „Insulaner“ schon lange durchgesetzt hat, trägt er auch heute noch den Spitznamen „Mont Klamott“. 1963 wurde die aus Mitteln des Zahlenlottos finanzierte Wilhelm-Förster-Sternwarte auf dem Gipfel eröffnet. Mit dem Planetarium am Fuß des Insulaners am Munsterdamm ist eine Art astronomisches Zentrum Berlins entstanden. Das Freibad am Südhang liegt schon im Bezirk Steglitz.

Eine andere Möglichkeit, der Trümmermassen Herr zu werden, war eine Frühform des Recyclings: Der Schutt wurde zu sogenanntem Ziegelsplitt zermahlen und mit Beton verbaut. Aus diesem Baumaterial entstanden 1957 auch die Häuser in der Dominicusstraße 20/22 und 24. Allerdings kam es wegen einer ungenügenden Vorwässerung des Materials nicht zu der gewünschten festen Verbindung von Splitt und Zement. Zudem standen die Gebäude im Bereich des ehemaligen Verlaufs des zugeschütteten „Schwarzen Grabens“. Gutachter stellten 1986 eine akute Einsturzgefahr fest. Alle Mieter mußten ihre Wohnungen räumen; Anfang 1987 wurden die Häuser sicherheitshalber abgerissen. Die Grundstücke sind heute wieder bebaut.

1951 wurden im Sportpalast die Trümmer beseitigt und Tribünen und die Eisfläche wieder hergerichtet. Ein Dach erhielt das Gebäude nach di-

50. Sechstagerennen im Sportpalast 1962 – „Krücke“ pfeift.

versen finanziellen Pleiten erst eineinhalb Jahre später wieder. Bald boomte der Sportpalast wie in alten Zeiten, vor allem mit den legendären Sechstagerennen, bei denen „Krücke“ durch seine unnachahmlichen Pfiffe auf die Melodie „Wiener Praterleben“ dieses Lied zum „Sportpalastwalzer“ machte. Von 1951 bis zur Schließung 1973 gab es 60 Box- und 113 Eissportveranstaltungen, nicht mitgerechnet 171 Eisrevuen, aber auch Bunte Abende, Bockbierfeste („Das beste wat de hast – Bockbierfest im Sportpalast“) und Karnevalsfeten. 1973 wurde die legendäre Veranstaltungsstätte wegen Unrentabilität geschlossen. Im November 1974 begann der Abriß. Noch heute liegen im Landesarchiv Berlin 55 Bände Bauakten über das Gebäude.

Der Investor, die Klingbeil-Gruppe, errichtete auf dem abgeräumten Gelände 512 Wohnungen in sechs- bis zehnstöckigen Häusern, die teilweise quer über der Pallasstraße und dem Bunker liegen. An meterhohen Gittern sollten sich immergrüne Pflanzen hochranken, doch erinnern diese Gitter mehr an ein Gefängnis. Die Anlage, im Volksmund „Sozialpalast“ getauft, wirkt heute eher abstoßend, Müll und Graffiti tun ein übriges, so daß schon verschiedentlich ein Abriß ins Gespräch gebracht wurde.

Auch viele Kirchen waren im Krieg beschädigt worden. Während die ersten Kriegsschäden an der Zwölf-Apostel-Kirche bereits 1946 behoben werden konnten, erfolgte die gründliche Restaurierung erst 1959. Auch

die St.-Matthias-Kirche war getroffen worden und wurde Anfang der fünfziger Jahre schlicht repariert. Dem Turm fehlt bis heute die Spitze. Die Luther-Kirche mußte am Totensonntag 1943 schwere Schäden hinnehmen, auch die Orgel wurde dabei zerstört. Die Apostel-Paulus-Kirche erlitt Anfang 1944 schweren Schaden, der erst 1949 wieder beseitigt war. Die Paul-Gerhardt-Kirche mußte abgerissen werden. Ihr Turm wurde 1959 gesprengt, der Neubau entstand 1961/62 an gleicher Stelle. Ähnlich erging es der benachbarten katholischen St. Norbert-Kirche, deren teilweiser Auf- und Neubau 1958–62 erfolgte. Die Kirche „Zum Heilsbronnen" war ebenfalls kriegszerstört. 1950–56 wurde sie erneuert und vergrößert.
In der Lindenhof-Siedlung konnten zunächst nur substanzerhaltende Maßnahmen durchgeführt werden. 42 Wohnungen gewann man 1949/50 durch Ausbau der Dachgeschosse. Erst im Jahre 1953 legte man den Grundstein zum Wiederaufbau, der allerdings den ursprünglichen Charakter der Siedlung zerstörte: In den Gärten errichtete man mehrstöckige Zeilen sowie ein Hochhaus an der Eythstraße. Zwei weitere dreizehn- bzw. vierzehngeschossige Hochhäuser wurden 1968 an der Röblingstraße gebaut.
Während zwischen 1919 und 1948 aufgrund der dichten Bebauung Schönebergs nur noch 3.904 neue Wohnungen errichtet werden konnten, kamen zwischen 1949 und 1985 31.784 neue Wohnungen hinzu. Durch die massiven Kriegszerstörungen mußten teilweise ganze Straßenzüge neu errichtet werden.

Restaurierung und Erneuerung

Neben der Beseitigung der Kriegsschäden entstanden auch Neubauten, beispielsweise die Wohnanlage am Voralberger Damm von 1956/57 oder die vier- bis zwölfgeschossige Wohnhausgruppe „Am Mühlenberg" hinter dem Rathaus von 1960–62. Besonders markant ist das Terrassenhochhaus an der Kleiststraße, das 1972 nach Plänen von Fridtjof F. Schliephacke errichtet wurde. Nicht weit entfernt steht das 1962 neu errichtete Gebäude der Urania an der Ecke Kleiststraße/An der Urania. Ihr altes Domizil im Stadtzentrum wurde im Zweiten Weltkrieg zerstört. Zwischen Urania und Wittenbergplatz entstanden moderne Neubauten. Dazu zählen das Hotel „President" (1966/67), das DGB-Haus (1962–64), sowie die Geschäftshäuser Tauentzienstraße 1 (1949) und Nr. 6 (1957). Das KaDeWe konnte 1950 wiedereröffnet werden.

Nach dem Krieg entstand auch das Sportzentrum am Sachsendamm, dessen Kernstück und „Keimzelle" der 1920 eröffnete Dominicus-Sportplatz ist. 1954 errichtete man dann eine Mehrzwecksporthalle, der 1959 eine Radrennbahn folgte. Ergänzt wurde der Komplex durch die neue Schwimmhalle, die 1967 nach vierjähriger Bauzeit eröffnet werden konnte. Später siedelte sich hier die Führungs- und Verwaltungsakademie des Deutschen Sportbundes an. 1973 kam schließlich eine Kunstturnhalle hinzu.
Viele Plätze waren nach Kriegsende nur behelfsmäßig wieder hergerichtet worden; Mitte der fünfziger Jahre nahm man sich des Bayerischen Platzes an. Der bayerische Ministerialdirigent Dr. Baer wandte sich in diesem Zusammenhang 1956 an den Schöneberger Bezirksbürgermeister. Er hatte von der Neugestaltung des Bayerischen Platzes erfahren und fragte an, ob das Steinrelief eines bayerischen Löwen wieder aufgestellt werde. Denn, so Dr. Baer, „ein ‚Bayerischer Platz' ohne bayerischen Löwen ist wohl nicht ganz stilecht." Der Bezirksbürgermeister mußte dem enttäuschten Dr. Baer allerdings mitteilen, daß es „eine Plastik des Bayerischen Löwen ... auf dem Bayerischen Platz bisher nicht gegeben hat. Ich nehme an, daß es sich ... um das Löwenrelief an einem im Krieg zerstörten Hause gehandelt haben wird."
Die Bayerische Staatsregierung bot dem Bezirksamt Schöneberg an, die Plastik eines Löwen für den Platz zu stiften, wenn Berlin die Transport-

Der Löwe am Bayerischen Platz, ein Geschenk des Freistaates Bayern

Winterfeldplatz 1930, seit 1890 gibt es hier einen Wochenmarkt

und Aufstellungskosten übernähme. Die vom Bildhauer Anton Rückl geschaffene bronzene Löwenfigur wurde von der Metallgiesserei Mayr in München gefertigt. Sie ist drei Meter lang, 1,60 Meter hoch, 80 Zentimeter breit und wiegt 350 kg. Der Transportunternehmer Ernst Gimmler aus der Leberstraße 46 übernahm die Transportkosten, und so konnte die Enthüllung am 29. November 1958 in Anwesenheit bayerischer Prominenz vorgenommen werden. Ein Jahr später war auch die Umgestaltung des Platzes abgeschlossen.

Der Winterfeldtplatz wurde 1986 aufwendig neu gepflastert. Über die Bebauung der Ostseite, auf der bis heute Kriegsruinen stehen, gab es jahrelange Kontroversen. Auf dem Platz, von Hobrecht als langgezogenes Rechteck geplant, wird bereits seit 1890 Markt abgehalten.

Friedrich Luft, der unweit in der Maienstraße 4 zu Hause war, notierte 1982: *„Kein Markt so lustig wie dieser! Keiner so grandios bestückt mit Angeboten, so farbig, so würzig, so ungeheuer berlinisch wie dieser ... Wir drängen uns in den engen Gassen zwischen den üppigen Ständen. Man wirft uns Witzworte zu, nimmt uns kräftig auf den Arm, palavert ... Ich kenne keinen Markt weit und breit, der so getränkt wäre von lustiger Gemeinsamkeit, keinen, der so herzerfrischend wäre, keinen, der so nachbarlich und grundberlinisch auf einen einwirkte wie dieser."*

Auch nach dem Zweiten Weltkrieg war das größtenteils brachliegende Südgelände immer wieder in Gefahr, bebaut zu werden. In den sech-

ziger Jahren wurde ein großes Areal für das Schöneberger Autobahnkreuz geopfert. Auch der im Dritten Reich nicht mehr verwirklichte Güterbahnhof kam wieder ins Gespräch. Heute aber ist die wichtige ökologische Funktion als grüne Schneise zwischen der Innenstadt und den Außenbezirken erkannt worden, und die Kleingärten dürften als langfristig gesichert gelten. Wieviel vom wilden Grün erhalten bleiben wird, wenn die Fernbahn dort in einigen Jahren wieder fährt, bleibt abzuwarten. Immerhin wurde 1997 mit der Einrichtung eines „Naturparks Südgelände" begonnen. Ein Zugang wird von der Unterführung am S-Bahnhof Priesterweg möglich sein.
Einige Geschäfte, die nach dem Krieg in Schöneberg einen Neuanfang wagten, haben nicht überlebt. Das prominenteste Opfer war wohl die traditionsreiche Buchhandlung Elwert & Meurer an der Hauptstraße, die 1987 in finanzielle Schwierigkeiten geriet und 1990 geschlossen werden mußte. Sie war am 2. November 1934 von Ruldolf Elwert und Kurt Meurer gegründet worden. Nachdem Laden und Lager in der Luisenstadt am 3. Februar 1945 einem Bombenangriff zum Opfer fielen, begann man im August 1945 in der Hauptstraße 101 neu. Das heutige Gebäude entstand 1951, ab 1952 wurden regelmäßig Lesungen und Vortragsabende durchgeführt. Zahlreiche Autoren, darunter Heinrich Böll, Günter Grass, Ephraim Kishon, Theo Lingen, Hildegard Knef und Ingeborg Drewitz lasen dort aus ihren Werken. Auch Kurt Pomplun, der bekannte Berliner Heimatforscher, hat hier aus seinen Büchern gelesen. Er starb bei einer solchen abendlichen Lesung in der Buchhandlung.
Die Zeit der kleinen Geschäfte scheint vorbei. Großkaufmärkte und Geschäftsketten verdrängen den Einzelhandel. So plante man gemeinsam am Kaiser-Wilhelm-Platz die Kaiser-Wilhelm-Passagen, die am 8. November 1990 nach nur zehn Monaten Bauzeit eröffnet wurden. Der linke Teil des Gebäudes, entworfen von Günter Wittemeyer, steht auf dem alten Rathausgrundstück. Es beherbergt rund 40 Geschäften und bietet Kunden und Anwohnern etwa 180 Plätze in einer Tiefgarage.
Neben Einkaufszentren stehen neuerdings auch Bürohäuser hoch im Kurs. Am Innsbrucker Platz/Ecke Hauptstraße entstanden in den neunziger Jahren modern verglaste Bürogebäude. Am S-Bahnhof Schöneberg, Sachsendamm 2–7, errichtete der Colonia Versicherungskonzern 1993/94 ein solches Bürogebäude mit 16.000 m^2 Nutzfläche, das sich „Platinum" nennt. Im Bereich des Werdauer Weges ist eine weitere Büro- und Geschäftsnutzung mit bis zu 15 Geschossen vorgesehen, wozu 1997 drei Planungsvarianten vorlagen. Zudem will man auf dem linsenförmigen Gelände zwischen Sachsendamm und dem Bahndamm

zwischen den Bahnhöfen Papestraße und Schöneberg Einzelhandel, Gastronomie, Dienstleistungen und Büros angesiedeln. Dafür müssen 79 Kleingärten weichen. Diese Maßnahmen stehen mit dem Bau des Fern-, Regional- und S-Bahnhofes am jetzigen Bahnhof Papestraße im Zusammenhang, der 2002 abgeschlossen sein soll. Da man täglich 200.000 Fahrgäste erwartet, die hier umsteigen, soll die triste Umgebung städtebaulich attraktiver gestaltet werden.

„Autogerechtes" Schöneberg

Die Idee einer großen Nord-Süd-Straße wird von den Stadtplanern bereits seit 1919 verfolgt, Speers Fiktion einer gigantischen Nord-Süd-Achse war also nicht neu. Nach dem Zweiten Weltkrieg kehrte die Nord-Süd-Straße, wie etliche Straßenbauvorhaben aus der NS-Zeit, als Autobahn in die Planung zurück. Der West-Berliner Autobahnring sollte durch die sogenannte Westtangente vom Schöneberger Kreuz über das Gelände am Gleisdreieck, durch den Tiergarten und die Heidestraße bis zum Kurt-Schumacher-Platz geschlossen, die Schöneberger „Insel" dabei untertunnelt werden. Gegen diese Pläne einer „autogerechten Stadt" gründete sich 1974 die Bürgerinitative Westtangente, die gegen die Untertunnelungspläne vor Gericht zog. 1981 zog der Senat seine Pläne zwar zurück, doch mit dem Tiergartentunnel lebt die alte Idee in veränderter Form wieder auf. Umweltschützer befürchten nun, daß es nur eine Frage der Zeit ist, bis der Senat das „fehlende" Zwischenstück zwischen Tiergartentunnel und Schöneberger Kreuz wieder in die Planung aufnimmt.

Der Innsbrucker Platz mit seinem Kreisverkehr wurde während der fünfziger Jahre zunehmend zu einem Verkehrsknoten und Unfallschwerpunkt. Eine Ampelaufstellung konnte daran nichts ändern, eine einschneidende Veränderung der Verkehrsführung war notwendig geworden. Bereits 1953/54 verlegte man den Zugang für die U-Bahn von der Mitte des Platzes an die Innsbrucker Straße. Ab 1963 erfuhr der Platz dann eine grundlegende Umgestaltung, die 17 Jahre dauerte. Der südliche Stadtautobahnring sollte unter dem Platz hindurchgeführt werden, parallel dazu entstand eine neue Eisenbahnbrücke über und ein neuer U-Bahnhof unter dem Platz. Dieser Bahnhof war für die geplante Linie 10 vorgesehen, deren Realisierung aber ist ungewisser denn je.

1963 begann man mit dem Abriß von Wohnhäusern. Damit der Verkehr kreuzungsfrei über die Hauptstraße rollen konnte, wurde 1968 zur

Der Innsbrucker Platz vor dem Umbau, 1958

Entlastung eine Stahlhochbrücke über die Dominicusstraße geschlagen. Ende 1978, nach Eröffnung der Autobahn, hat man sie wieder demontiert. Außerdem galt es, die Abstellanlage für die U-Bahnlinie 4 zu beseitigen, sie war der Autobahn im Wege. Der schon für die geplante Verlängerung der U 4 gebaute Tunnel unter der Eisackstraße mußte durchbrochen werden. So existiert heute ein Rest-Tunnel von 190 Metern Länge, der an beiden Enden zugemauert ist. Er diente wie viele U-Bahnanlagen im Zweiten Weltkrieg als Bunker. 1971 entstand ein neues Eisenbahn-Stellwerk, außerdem wurden Grundwasserabsenkungen sowie erste Rohbauarbeiten begonnen. 1972 wurde der S-Bahnhof Innsbrucker Platz für sieben Jahre geschlossen und später die alte Bahnbrücke abgerissen.

1980 waren die Bauarbeiten abgeschlossen – der Verkehr fließt heute auf fünf Ebenen: über die 223 Meter lange neue Eisenbahnbrücke, darunter der Straßenverkehr auf dem Platz. Im ersten Tiefgeschoß befindet sich die Verteilerebene des U-Bahnhofes und der Zugang zur Linie 4. Darunter liegt der 264 Meter lange Tunnel der Stadtautobahn. 16 Meter unter Straßenniveau befindet sich schließlich der 200 Meter lange Rohbau des U-Bahnhofes der Linie 10.

Am 20. Dezember 1979 wurde auf dem Platz eine Nachbildung des Meilensteins von 1790 installiert. Seit dem 11. Juli 1980 schmückt ein Marmorbrunnen den Platz an der Ecke zur Innsbrucker Straße. Diesen

Der Innsbrucker Platze während der Bauarbeiten

Brunnen erhielt Schöneberg von der Tiroler Landeshauptstadt anläßlich Innsbrucks 800jährigem Stadtjubiläum zum Geschenk. Doch auch diese „Kosmetik" kann nicht darüber hinwegtäuschen, daß aus einem Platz eine verkehrsumtoste Stadtbrache geworden ist. Auch die Beseitigung eines Automarktes an der Brandmauer Haupt-/Ecke Ebersstraße und der Bau eines 7–8 geschossigen Wohnhauses 1984 konnte daran nichts ändern. Der Platz „zerfließt" nach allen Seiten, er hat keinen Anfang und kein Ende, keine Begrenzung mehr.
Der Autobahntunnel unter dem Innsbrucker Platz bildet zusammen mit dem anschließenden Autobahnkreuz einen wichtigen Verkehrsknotenpunkt. Hier wird der Südring mit der 1968 erbauten Westtangente verknüpft. Aber auch die Stadtstraßen sollten für den ständig zunehmenden Autoverkehr verbreitert werden. So wurden in den sechziger Jahren an der südlichen Grunewaldstraße in der Nähe des Kleistparks Gebäudereste abgetragen, um Platz für eine Straßenverbreiterung zu schaffen. Die Pläne wurden nie realisiert, statt dessen begann man Ende 1997 mit der Anlage einer Grünfläche.
Eine weitere übergeordnete Hauptverkehrsstraße war über Nachod-, Hohenstaufen- und Pallasstraße vorgesehen. Dem steht aber bis heute das Haus Hohenstaufenstraße 22 im Wege, das in die neue Trasse ragt. Da es für den Abriß vorgesehen war, fanden kaum noch Instandhaltungsarbeiten statt. Ein häufiger Wechsel der Eigentümer führte dazu,

daß an einen Abriß nicht zu denken war, weil der Senat ständig wechselnde Ansprechpartner vorfand. Da sich die Verkehrspolitik in den letzten Jahren mehr und mehr vom Modell einer „autogerechten" Stadt abgewandt hat, ist es fraglich, ob der Senat weiter auf dem Abriß bestehen wird, damit Autos keinen Schlenker mehr um das Haus fahren müssen.

Sanierung und Hausbesetzer

Schon seit 1964 gab es erste Überlegungen, in den Altbauquartieren Berlins umfangreiche Sanierungen durchzuführen. Eines dieser formal ausgewiesenen Sanierungsquartiere war das Gebiet beiderseits der Bülowstraße. Ziel war die Auflockerung zu dichter Bebauung aus den siebziger Jahren des 19. Jahrhunderts durch Abriß, und es sollten Häuser verschwinden, die bauliche oder hygienische Mängel aufwiesen. Gleichzeitig konnte man so eine großzügige Straßenplanung für die vom Senat gewünschte „autogerechte Stadt" vornehmen.
1975 begann man mit der Sanierung des Viertels, was den Abriß zahlreicher Wohnungen bedeutete. Im Zuge dieser Maßnahmen wurde die südliche Steinmetzstraße bis 1979 zur Fußgängerzone umgebaut. Auch Walterchens Ballhaus in der Bülowstraße 37 wurde 1975 wegsaniert. 1918 hatte Walter Draesel in der Rosenthaler Straße ein Tanzlokal eröffnet, das später in der Holzmarktstraße 72 ansäßig war. Nach der Zerstörung 1943 übernahm er im selben Jahr die schon bestehende Gaststätte „Etablissement Königshof" in der Bülowstraße. Er erfand den „Ball verkehrt": es galt Damenwahl. Draesel hat das Ende seines „Ballhauses" nicht mehr erlebt; er starb 1965 und wurde auf dem St. Matthäus-Kirchhof begraben.
Etwa die Hälfte der ehemaligen Bewohner des Sanierungsgebietes zogen nach Ende der Instandsetzungsmaßnahmen wieder in ihre alte Umgebung. Zahlreiche Geschäfte aber mußten in der Folge wegen zu hoher Gewerbemieten aufgegeben werden, die Läden wurden teilweise zu Wohnungen umgebaut. Dennoch war die Zahl der Wohnungen im Sanierungsgebiet um 600 auf 1.200 gesunken.
Ursprünglich war geplant gewesen, im Sanierungsgebiet rund um die Crelle-/Kolonnenstraße auf 14 Grundstücken Hinterhäuser und ein Vorderhaus abzureißen. Davon wären 3.000 Menschen betroffen gewesen, die sich von den Planern „überfahren" und entmündigt fühlten. Immer wieder gab es Klagen über undurchsichtige Vorgehensweisen,

Besetztes Haus in der Goebenstraße, 1982

mangelnde Kooperation mit den Betroffenen und jahrelangen Leerstand von Häusern. Es kam – nicht nur in Schöneberg – zur Bildung von Mieterinitativen, Aktionsgruppen und Stadtteilläden, woraus schließlich die Hausbesetzerbewegung sich entwickelte. In Stadtteilzeitungen wurde die Bevölkerung aufgerufen, leerstehende Wohnungen oder von Entmietung und Abriß bedrohte Häuser an Kontaktadressen zu melden.
Im März 1979 kam es zu ersten Besetzungen leerstehender Häuser – vornehmlich in Kreuzberg, aber auch in Schöneberg. Ziel war, sie vor dem Verfall zu retten. Die meisten Häuser wurden 1981 besetzt, so beispielsweise die Blumenthalstraße 14 und 15. Frauen besetzten im gleichen Jahr das Haus Winterfeldtstraße 37. Sie richteten dort einen Frauenlebensmittelladen sowie ein Frauencafé ein.
Ab 1981 ließ der CDU-geführte Senat keine neuen Besetzungen mehr zu. Unter Innensenator Heinrich Lummer wurde konsequent geräumt, wenn ein entsprechendes Ersuchen des Eigentümers vorlag. Bei einer solchen Räumungsaktion am 22. September 1981, die wie immer vom Widerstand der Hausbesetzerszene begleitet war, kam der Jugendliche Klaus Jürgen Rattay auf der Bülowstraße ums Leben. Er wurde während des Polizeieinsatzes von einem BVG-Bus überfahren. Vor dem Commerzbankgebäude ist zur Erinnerung ein einfaches Kreuz im Pflaster eingelassen. Doch die Räumungen gingen weiter: 1983 das Haus Bülowstraße 55 und ein Jahr später die Häuser Winterfeldtstraße 31, 35 und 37. Ebenfalls 1984 wurden die Häuser Bülowstraße 52, 54 und Potsdamer 157 durch Pachtverträge legalisiert, zuletzt das Haus Mansteinstraße 10/10a im November 1984. Damit gab es in Schöneberg keine illegal besetzten Häuser mehr.

RIAS-Berlin – die „freie Stimme der freien Welt"

Die Geschichte des Berliner Rundfunks nach dem Zweiten Weltkrieg begann am 4. Mai 1945. Zwei Tage zuvor hatte die Rote Armee das Haus des Rundfunks in der Charlottenburger Masurenallee besetzt, von wo nun die Durchsagen der Sowjetischen Militäradministration gesendet wurden. Ab dem 13. Mai nahm der Berliner Rundfunk den regelmäßigen Sendebetrieb auf. Als Charlottenburg britischer Sektor wurde, weigerten sich die Sowjets zunächst, das Funkhaus zu räumen, weil im Ostsektor kein geeigneter Ersatz zur Verfügung stand.

Die Westalliierten wollten einen eigenen Rundfunksender, allen voran die Amerikaner. Daher befahl James Westerfield, Colonel im US-Hauptquartier, am 21. November 1945, eine solche Station aufzubauen. Im Post- und Fernmeldeamt in der Winterfeldtstraße richtete man ein Studio ein, und am 7. Februar 1946 um 17.00 Uhr nahm eine Drahtfunkstation einen eingeschränkten Sendebetrieb auf. Der Name lautete zunächst DIAS, Drahtfunk im amerikanischen Sektor. Der Tagesspiegel schrieb seinerzeit: *„Jeder, der ihn hören will, muß einen Draht von einer Telefonleitung (das Telefon braucht zur Zeit nicht angeschlossen zu sein) zu einer Antennenbuchse ziehen. Der Sender ist auf Langwelle 1429 m = 210 kHz oder 1221 m = 245 kHz zu hören."* Zunächst war der DIAS aber keine Konkurrenz für den unter sowjetischer Kontrolle stehenden Berliner Rundfunk aus der Masurenallee. Von den 483.000 registrierten Rundfunkempfängern konnten maximal nur 1.500 Hörer den amerikanischen Sender empfangen. Deswegen wurde im September 1946 ein Mittelwellensender installiert, ein ausrangierter Truppensender der Army von nur 800 Watt. Aus dem Drahtfunk wurde ein Rundfunksender und der Name in RIAS abgewandelt. Ab dem 30. Juni 1948 sendete der RIAS aus dem ehemaligen Sitz des Bayerischen Stickstoffsyndikats an der Kufsteiner Straße, heute Hans-Rosenthal-Platz.

Aus DIAS wurde RIAS

Der Sender sollte vor allen Dingen die Menschen in der damaligen SBZ, später DDR, informieren, Stadtsender für

Berlin-West war der 1954 gegründete Sender Freies Berlin. Die politische Aufgabe kam besonders in dem Zusatz vor den Nachrichten zum Ausdruck: „Hier ist RIAS Berlin – Eine freie Stimme der freien Welt." Entsprechend dieser politischen Ausrichtung begann der RIAS seit 1961 zahlreiche mehrstündige Magazinsendungen in sein Programm aufzunehmen: Rundschau am Morgen /... am Mittag / ... am Abend.
In der DDR galten RIAS-Hörer als Volksfeinde und Verräter. Der Chefkommentator des DDR-Fernsehens, Karl-Eduard von Schnitzler, erklärte im Juli 1953: „Der RIAS ist nicht einfach ein gewöhnlicher Sender des Feindes, wie andere auch, sondern er ist der aggressivste Hetzsender der aggressivsten Kriegstreiber."
Ein bekanntes „Kind" des Senders war das Kabarett „Die Insulaner", die – während der Blockade – am 25. Dezember 1948 erstmals auftraten. Sie glossierten die politischen Vorgänge in Berlin und der DDR (unter antikommunistischen Vorzeichen), auch westliche Politiker kamen nicht ungeschoren davon. Günter Neumanns Lieder und Texte wurden von Tatjana Sais, Edith Schollwer, Walter Gross, Bruno Fritz, Ilse Trautschold, Ewald Wenck, Agnes Windeck und anderen interpretiert. „Die Insulaner" traten einmal monatlich auf, meist im Theater am Kurfürstendamm, und diese Aufführungen wurden vom RIAS ausgestrahlt. Später vergrößerten sich die Zeitabstände zwischen den Auftritten immer mehr. Nach dem Mauerbau traten die Insulaner erst wieder am 10. März 1962 auf, zwischen 1962 und 1964 gab es nur noch elf Sendungen. Vieles von dem, was das Profil der Gruppe ausmachte, hatte sich politisch überlebt oder war nicht mehr zeitgemäß. Die zwei letzten regulären Auftritte fanden im März und Dezember 1968 statt. Die endgültig letzte Sendung ging 1976 aus Anlaß des 25jährigen Bestehens des Insulaner-Berges – also unter freiem Himmel – daselbst über den Sender. Hans Rosenthal, der Regie führte, hatte noch einmal alle Mitglieder zusammengeholt, und Tausende Zuschauer und Zuhörer waren begeistert.

Hans Rosenthal, 1983

Der RIAS profilierte sich auch mit leichter Unterhaltung und Kulturmagazinen. Hans Rosenthal begann seine Karriere mit Sendungen wie „Wer fragt gewinnt", „Allein gegen alle" oder „Spaß muß sein"; Friedrich Luft war die „Stimme der (Theater)Kritik". Ihre Stimmen waren in der Stadt ebenso bekannt wie die der legendären Reporter und Moderatoren Jürgen Graf, Horst Wendt oder des Nachrichtensprechers Günther Hanke.

Der RIAS hatte eine große musikalische Tradition. Horst Jankowski sorgte mit dem RIAS-Tanzorchester für Unterhaltungsmusik; bekannt wurde der Sender auch durch das RIAS-Symphonieorchester, das RIAS-Kammerorchester und den RIAS-Kammerchor.

Der RIAS sendete zunächst bis zum Nachmittag auf zwei UKW-Wellen (89,6 und 94,3 MHz) nur ein Programm. Die zuletzt genannte Welle wurde ab den sechziger Jahren als zweites Programm eingerichtet, das bis in den späten Abend hinein ausstrahlte und mit Sendungen wie dem „Treffpunkt" immer mehr zu einem Jugendfunk wurde. So entschloß sich der Sender, RIAS II zu einer eigenständigen Welle auszubauen, die am 30. September 1985 auf Sendung ging. Am 1. Juni 1992 wurde RIAS II privatisiert. Der Sender heißt nun r.s.2 und sendet sein Programm aus der Voltastraße im Wedding. Mit dem RIAS hatte r.s.2 nichts mehr zu tun.

Der RIAS unterstand nicht deutschem Rundfunkrecht, sondern US-amerikanischem Recht, war allerdings mit der ARD assoziiert. Die Finanzierung erfolgte überwiegend durch die Bundesrepublik Deutschland, der Betreiber des RIAS war aber die US Information Agency.

Am 31. Dezember 1993 um 24 Uhr beendete der Hörfunksender RIAS BERLIN sein Programm. Durch die deutsche Einheit war eine Neuordnung der Rundfunklandschaft erforderlich geworden. Der Kölner Deutschlandfunk und die Berliner Sender RIAS und Deutschlandsender Kultur (früher Stimme der DDR) bilden seitdem ein neues nationales Hörfunkprogramm mit zwei Sendern (Deutschlandfunk und DeutschlandRadio Berlin). Daß ausgerechnet Mitarbeiter von Stimme der DDR und RIAS Berlin, die früher politisch gegeneinander Programm machten, heute im alten RIAS-Funkhaus zusammenarbeiten, hätte niemand für möglich gehalten. Das bekannte RIAS-Emblem steht noch heute auf dem Dach des Funkhauses.

Ein Chor, die nicht unerwähnt bleiben darf, sind die Schöneberger Sängerknaben, weit über die Stadtgrenzen hinaus bekannt. Der damals 22jährige Gerhard Hellwig gründete die Gruppe am 12. November 1947 und leitet sie bis heute. Die Auftrittsstärke beträgt immer nur 35 Jungen, die Berliner Lieder singen, meist nur für diesen Chor kompo-

Adventssingen der Schöneberger Sängerknaben, Weihnachten 1958

niert. Der bekannteste Titel ist wohl „Berliner Jungens, die sind richtig". Hellwig erhielt für seine Arbeit im November 1982 das Bundesverdienstkreuz. Im Laufe der Jahrzehnte haben etwa 4.000 Jungen in dem Chor gesungen. Mehr als 300 Konzertreisen im In- und Ausland wurden unternommen, davon fünf in die USA. Dort sang man im Weißen Haus und wirkte bei der Steuben-Parade mit. Außerdem singt der Chor im Hörfunk und im Fernsehen sowie in Theater, Oper und Operette.

Vom Bezirksrathaus zum politischen Zentrum

Nach Kriegsende tagte der neue Berliner Magistrat im Neuen Stadthaus in der Parochialstraße im sowjetischen Sektor, wo auch die frei gewählte Stadtverordnetenversammlung von Groß-Berlin am 20. November 1946 zu ihrer ersten Sitzung zusammentrat. Während der Blockade 1948/49 kam es vor dem Neuen Stadthaus mehrfach zu Demonstrationen, am 6. September 1948 schließlich zu tumultartigen Szenen und Tätlichkeiten. Daraufhin verlegte der Stadtverordnetenvorsteher Otto Suhr die Tagung des Stadtparlamentes noch am gleichen Abend in das Studentenhaus der TU am Steinplatz im britischen Sektor. Von nun an blieben die Stadtverordneten in West und Ost unter sich. Der Magistrat der Westsektoren nannte sich jetzt Senat, die Stadtverordnetenver-

sammlung (ohne die Delegierten des sowjetischen Sektors) Abgeordnetenhaus. Das Abgeordnetenhaus trat am 14. Januar 1949 zum erstenmal im Schöneberger Rathaus zusammen, wo man – vorübergehend und provisorisch, wie man glaubte – unterkam. Der Bürgersaal, der seit Sommer 1946 vom Theater am Nollendorfplatz genutzt worden war und 573 Besuchern Platz bot, wurde zum Plenarsaal umgebaut.
Der Platz vor dem Schöneberger Rathaus wurde in den folgenden 40 Jahren zum Schauplatz eindrucksvoller Demonstrationen. So kamen 300.000 Menschen zu einer Kundgebung zum Ende der Blockade am 12. Mai 1949. 400.000 Menschen zählte man am 24. Oktober 1950, als die Freiheitsglocke eingeweiht wurde. Als Symbol der Verbundenheit mit den Amerikanern wurde sie nach dem Vorbild der Freiheitsglocke von Philadelphia geschaffen, übrigens in einer englischen Glockengießerei. Für die Freiheitsglocke mußte der zerstörte Turm des Schöneberger Rathauses umgebaut werden. Statt der Turmhaube entstand eine offene, kantige Pfeilerhalle, wodurch die Turmhöhe von ehemals 81 Meter auf 70,48 Meter schrumpfte. Um die 10 Tonnen schwere Glocke zu halten, mußten zusätzlich bauverstärkende Maßnahmen getroffen werden. 16 Millionen US-Amerikaner hatten Geld gestiftet und ihre Unterschriften für das Projekt gegeben, während die bronzene Glocke durch 26 US-Staaten transportiert wurde. Sie trägt die (englische) Inschrift: „Möge diese Welt mit Gottes Hilfe eine Wiedergeburt der Freiheit erleben." Die Glocke ist mit einem Durchmesser von 2,80 Meter und einem Gewicht von 10.200 Kilo die größte Berlins. Ihr Geläut übertönt jeden Tag um 12 Uhr selbst den Verkehrslärm auf der Martin-Luther-Straße.
1966 traten Risse an der Glocke auf, 1974 stellte man einen Riß am 2,40 Meter langen Klöppel fest, der zwar geschweißt wurde, aber 1979 dennoch brach; der tonnenschwere Schlegel stürzte in eine Auffangwanne, die man 1966 installiert hatte. Auch das Gehänge des Klöppels zerbarst, das Metallstück fiel donnernd herunter und hätte fast die Decke durchschlagen. Der Aufprall war so stark, daß es zu einem regelrechten Gebäudebeben kam, das jeder spürte, der sich im Haus aufhielt.
1953 war der Platz vor dem Rathaus Schauplatz einer eindrucksvollen Kundgebung von 125.000 Berlinern für die Opfer des 17. Juni. Die Särge der Toten des Aufstands hatte man vor der Rathaustreppe aufgebahrt. Am 29. September 1953 starb Ernst Reuter, Regierender Bürgermeister von West-Berlin, im Alter von 64 Jahren. Drei Tage lang erwiesen ihm Hunderttausende im Rathaus Schöneberg die letzte Ehre.

John F. Kennedy-Rede vom Balkon des Rathauses am 26. Juni 1963

Drei Tage nach den Abriegelungsmaßnahmen vom 13. August 1961, die den Mauerbau einleiteten, rief der Regierende Bürgermeister Willy Brandt die West-Berliner zu einer Kundgebung vor dem Schöneberger Rathaus auf. Dort protestierte er vor 500.000 Menschen gegen die Maßnahmen des „Zonenregimes".

Unvergeßlich ist der Besuch des US-Präsidenten John F. Kennedy am 26. Juni 1963. Vor einer unübersehbaren Menschenmenge, die sich bis tief in die Nebenstraßen drängte, hielt er vor dem Schöneberger Rathaus seine Rede mit dem berühmten Ausspruch: „Ich bin ein Berliner". Als Kennedy im November des gleichen Jahres ermordet wurde, versammelten sich 60.000 Berliner mitten in der Nacht schweigend und fassungslos auf dem Platz, wo er noch fünf Monate zuvor gesprochen hatte. Drei Tage später wurde der Rudolph-Wilde-Platz in John-F.-Kennedy-Platz umbenannt.

Als der iranische Schah Mohammed Reza Pahlewi am 2. Juni 1967 anläßlich seines Staatsbesuches vor dem Schöneberger Rathaus vorfuhr, kam es zu Krawallen. Regime-Gegner und Anhänger des Schahs lieferten sich mit Holzlatten eine offene Straßenschlacht. Sprechchöre drangen bis ins Innere des Rathauses, wo der Schah mit dem Regierender Bürgermeister Heinrich Albertz sprach. Dieser trat später zurück, weil es am gleichen Abend vor der Deutschen Oper erneut zu Demonstrationen kam, in deren Verlauf der Student Benno Ohnesorg erschossen wurde.

Von 1979 bis 1986 wurde für 45 Millionen DM ein aufwendiger Um- und Ausbau sowie eine grundlegende Renovierung des Rathauses durchgeführt. Für die Schmalseiten des Goldenen Saales malte Matthias Koeppel 1986/87 zwei 3 x 10 Meter große Bilder. Das eine Bild zeigt den damaligen Senat, der auf einem Hügel beim Martin Gropius-Bau auf die Mauer und – fast prophetisch – auf den Preußischen Landtag, das heutige Abgeordnetenhaus, schaut. Das andere Bild zeigt eine Havellandschaft mit der Sakrower Heilandskirche.

Der Berliner Parlamentspräsident verlas seit 1961 vor jeder Parlamentssitzung folgende Formel: „Ich eröffne die Sitzung des Abgeordnetenhauses von Berlin und bekunde unseren unbeugsamen Willen, daß die Mauer fallen und Deutschland mit seiner Hauptstadt Berlin in Frieden und Freiheit wiedervereinigt werden muß." 1982 und 1985 gab es Bestrebungen, diese Formulierung politisch abzuschwächen, weil man die Forderung für unrealistisch und daher unsinnig hielt. Doch die Optimisten sollten recht behalten.
Am Abend des 10. November 1989, am Tag nach dem überraschenden Fall der Mauer, fand vor dem Rathaus Schöneberg eine improvisierte Kundgebung statt, auf der Bundeskanzler Kohl während seiner Rede vor schätzungsweise 25.000 Menschen gnadenlos ausgepfiffen wurde. Außer Kohl sprachen der damalige Regierende Bürgermeister Walter Momper und Willy Brandt. An gleicher Stelle hatte Brandt 28 Jahre zuvor gegen die Mauer protestiert. Er schloß seine Rede nun mit den Worten: „Berlin wird leben, und die Mauer wird fallen."
Am 16. Oktober 1992 kamen noch einmal Zehntausende zum Schöneberger Rathaus. Willy Brandt, verstorben am 8. Oktober, war in der Halle aufgebahrt. Am 17. Oktober wurde Brandt nach einer Trauerfeier im Reichstag auf dem Zehlendorfer Waldfriedhof beigesetzt.
Am 24. September 1991 fand die letzte Senatssitzung im Schöneberger Rathaus statt, womit ein 42jähriges Provisorium zu Ende ging. Das neue Domizil des Gesamtberliner Senats war zunächst das Rote Rathaus in Mitte, die letzte Sitzung dort fand am 25. März 1993 statt. Seitdem tagt das Abgeordnetenhaus im Herrenhaus des Preußischen Landtages. Das Schöneberger Rathaus erfüllt wieder die Funktion, die ihm ursprünglich zugedacht war – als Bezirksrathaus.

Schöneberg heute

Schöneberg ist einer der dichtbewohntesten Stadtteile Berlins. 5.600 Wohnhäuser mit 82.000 Wohnungen gibt es im Bezirk, in ihnen leben rund 150.000 Menschen. Davon sind circa 34.000 Ausländer, die größte Gruppe die 12.000 Schöneberger Türken.
Fast jede Schöneberger Nationalität ist hier auch kulinarisch vertreten, allein die Zahl von über 200 gastronomischen Betrieben deutet auf große Vielfalt hin. Das Angebot reicht von der einfachen Döner-Bude bis zum Bamberger Reiter, einem Spitzenrestaurant für Gourmets in der Bamberger/Ecke Regensburger Straße. Das Speiselokal wird von einem Öster-

reicher geführt; das „preiswerteste" Menue bekommt man für 145 DM. Der „Reiter" gilt als „Sehr, sehr gut und sehr, sehr teuer", wie eine Restaurantkritik treffend bemerkte. Hier ist eine Tischreservierung ebenso ratsam wie im Quadriga im Hotel Brandenburger Hof in der Eislebener Straße. Typischer für den Bezirk aber sind die Kneipen und kleinen Lokale. Zahlreiche Pizzabäcker und italienische Restaurants bieten ihre Küche an, zu den „gehobenen" Italienern gehört zum Beispiel das traditionsreiche „Bacco" in der Marburger Straße. Nicht wegzudenken aus Schöneberg sind die zahlreichen chinesischen, thailändischen und indischen Lokale, beispielsweise das indische Yogihaus an der Eisenacher/Ecke Belziger Straße. Hier kann der Gast dem Koch beim Zubereiten der Speisen über offenem Feuer über die Schulter schauen. Und natürlich fehlen auch die türkischen Lokale nicht. Das Terra Anatolia in der Hauptstraße bietet neben erstklassigem Essen auch ein angenehmes Ambiente: Auf den Tischen Öllämpchen, die übrigen Lampen sind aus Wasserkürbissen gefertigt, und im Lokal steht ein Lehmofen traditioneller Art.

Kneipen und Bars gibt es für jede Szene. In der Blue Note Bar in der Courbierestraße verkehren, so ein Szene-Führer, „genußsüchtige Jazzfan-Yuppies im Alter zwischen etwa 25 und 40". Weitere bekannte Etablissements sind das Shannon in der Apostel-Paulus-Straße, die Zoulou-Bar in der Hauptstraße, die täglich um 20 Uhr öffnet und erst schließt, wenn der letzte Gast gegangen ist, das Tomasa und die NN Bar. In etlichen

Die „Ruine" am Winterfeldplatz

Cafés können Langschläfer und Nachtfalter bis in den Nachmittag hinein ein Frühstück bestellen – zum Beispiel im Café Berio am Winterfeldtplatz. Äußerst schrille Bars und Kneipen findet man zwischen Viktoria-Luise- und Nollendorfplatz. Im „Knast" in der Fuggerstraße/Ecke Welserstraße trennen Gitterstäbe die schwulen Männer hinter der Theke von denen davor. Im Viertel südlich des Wittenbergplatzes wechseln Clubs für Sadomasochisten und Transvestiten mit einfachen Sexbars und Varietés; noch immer gilt die Gegend um Nollendorfplatz und Fuggerstraße als die schwule Meile Berlins. Das Café Anderes Ufer in der Hauptstraße, die älteste schwule Kneipe der Stadt, wirkt dagegen verhältnismäßig „normal". Wer eine richtge schwule Bierkneipe sucht, geht vielleicht in Andreas' Kneipe in der Ansbacher Straße. Die erste Frauenkneipe Deutschlands namens „Blocksberg" eröffnete 1975 in der Yorckstraße; im gleichen Jahr etablierte sich das Café „die 2" in der Martin-Luther-Straße. Beide Treffpunkte existieren heute nicht mehr.
Ende des letzten Jahrhunderts hatte sich rund um den Bülowbogen ein Prostituiertenmilieu etabliert. In den achtziger Jahren wurden Animierlokale und Stundenhotels nach und nach wegsaniert, unter anderem „traditionsreiche" Etablissements wie das Hotel Potsdam, die Bar Romantica und das Excelsior, alle in der Potsdamer Straße. Das Milieu wurde aus dem Kiez verdrängt. 1980 hatte sich das Hilfsprojekte „Hydra" in einem ehemals leerstehenden Haus in der Potsdamer Straße etabliert und stand Prostituierten mit Rat und Tat zur Seite. 1985 organisierte Hydra den ersten nationalen Prostituiertenkongreß in Berlin. Heute ist die Hydra-Beratungsstelle in der Charlottenburger Kantstraße ansässig. Das Feministische Frauen Gesundheitszentrum (FFGZ), 1977 in Lichterfelde gegründet, zog 1985 nach Schöneberg in die Bamberger Straße, wo es noch heute dienstags und donnerstags für interessierte und ratsuchende Frauen geöffnet hat. Und natürlich gibt es Treffpunkte für ausländische Frauen, zum Beispiel „Halk Kösesi" im Stadtteilladen in der Crellestraße für türkische Frauen oder „AL DAR", ein Selbsthilfeprojekt für arabische Frauen in der Gotenstraße. Daneben gibt es etliche Frauencafés und Film-, Foto- und Theaterprojekte von und für Frauen. Als Beispiel sei hier die „Begine" genannt, ein Frauenkulturzentrum und -café, seit 1986 in der Potsdamer Straße zu Hause. Auch der wohl bekannteste Berliner Frauenverlag ist in Schöneberg ansässig: „Orlanda" in der Großgörschenstraße. Die ersten Bücher wurden 1974 noch im Selbstverlag im Wohngemeinschafts-Wohnzimmer produziert, seit zwei Jahrzehnten verlegen die Orlanda-Frauen professionell Literatur und Sachbücher zu feministischen Themen.

Abseits des Kurfürstendamms finden sich gerade in Schöneberg traditionsreiche Off- und Programmkinos, die in den siebziger Jahren in Abgrenzung von einem rein kommerziellen Programmkonzept gegründet wurden. Zu ihnen gehört das „Odeon" in der Hauptstraße, in dem Filme nur in der Originalversion gezeigt werden. Auch das Off-Off-„Kino im K.O.B." in der Potsdamer Straße sei hier erwähnt. Programmkino mit täglich wechselnden Filmen oder Retrospektiven bieten das „Arsenal" und das „Cult fiction", ehemals „Notausgang". Der „Notausgang" in der Vorbergstraße ging im September 1971 aus einem 1914 gegründeten Filmtheater hervor. 1956 hieß das Kino noch „Filmhof", hatte 300 Plätze und, eine Attraktion, einen beleuchteten Springbrunnen. Heute sitzt auf einem der verbliebenen 160 Plätze ein gewisser Herr Lubitsch, Zigarrenraucher. Das Haus galt in seiner „Notausgang"-Zeit als das Lubitsch-Kino: „Sein oder Nichtsein" war über Jahre im Programm, hier wurde jährlich der Lubitsch-Preis verliehen. Das „Arsenal", seit 1970 das Kino des Vereins Freunde der Deutschen Kinemathek, befindet sich in der Welserstraße, in den ehemaligen „Bayreuther Lichtspielen". Hier werden Filme gezeigt, die in den kommerziellen Programmen keine Chance haben, viele im Original, manchmal mit live eingesprochener deutscher Übersetzung. Die Freunde der Deutschen Kinemathek verantworten seit 1970 das Internationale Forum des Jungen Films bei den Berliner Filmfestspielen, das „Arsenal" ist ein Aufführungsort. Doch in Schöneberg werden nicht nur Filme gezeigt, sondern auch produziert. Die Filmproduktionsfirma Vietinghoff hat ihr Domizil in einem ehemaligen Kaufhaus in der Potsdamer Straße 199.

Aus der Potsdamer Straße 131 sendete seit seiner Gründung 1991 der private Radiosender Radio Energy. Weil das denkmalgeschützte Haus bald nicht mehr den technischen und räumlichen Anforderungen entsprach, zog Radio Energy 1995 um in die nördliche Potsdamer Straße – und damit nach Tiergarten. Das Mediencafé „La Strada" und die Buchhandlung „Kommedia", spezialisiert auf Publizistik, Film und andere Medien, haben ihren Sitz noch in der Potsdamer Straße 131.

Das „Kleine Theater" in Friedenau am Südwestkorso bietet nur etwa einhundert Plätze, hat sich aber mit hinreißend inszenierten musikalischen Revuen fest in der Berliner Theaterszene etabliert. Das Stück „Das Küssen macht so gut wie kein Geräusch" lief hier jahrelang vor ausverkauftem Haus, es gab genau 2.222 Vorstellungen. Seit 1983 spielt das Varieté Scheinbar in der Monumentenstraße. Jeden Mittwoch gibt es in der Scheinbar eine sogenannte offene Bühne, wo Profis und Anfänger kurzfristig – also ohne lange Voranmeldung – ihre Künste zeigen können. Von

Das „Arsenal" in der Welser Straße

Donnerstag bis Sonntag wird jeweils um 20.30 Uhr Comedy, Varieté, Akrobatik oder Pantomime geboten. Seit 1993 spielt das Puppentheater „Hans Wurst Nachfahren", 1981 im Kreuzberger Mehringhof gegründet, in der Schöneberger Gleditschstraße Stücke für Kinder und Erwachsene. Zu den Kultureinrichtungen des Bezirks gehören auch zahlreiche Verlage, von denen hier nur einige wenige genannt werden können. Neben den bereits erwähnten Verlagen Langenscheidt und Orlanda ist der Verlag Klaus Wagenbach in der Ahornstraße sicher der renommierteste. Der 1991 in der Motzstraße gegründete Byblos-Verlag publiziert internationale Belletristik, exklusive Kochbücher und Titel zur modernen, grenzüberschreitenden Physik. In der Kufsteiner Straße ansäßig ist der Verlag Rosa Winkel, ein traditionsreicher schwuler Verlag; in der Akazienstraße der Querverlag, der einzige schwul-lesbische Verlag Deutschlands. Genannt werden muß auch der Musikverlag Gerhard Hellwig in der Dominicusstraße. Seit 1951 verlegt der Hellwig Verlag Berlin-Lieder – Lieder, die meist durch die Schöneberger Sängerknaben bekannt geworden sind, deren Chef Hellwig ist. Der Verlag ist zugleich Kontaktadresse für den Knabenchor.

Die Urania ist eine gemeinnützige Vereinigung zur Pflege von Wissenschaft und Kultur und hat ihren Sitz in der Straße An der Urania. 1888 gegründet, wurde die Vereinstätigkeit nach dem Zweiten Weltkrieg wieder aufgenommen. 1962 konnte durch Spenden, Mitgliedsbeiträge, Subventionen des Bundes und der Berliner Klassenlotterie ein Grundstück erworben und ein Gebäude errichtet werden. Seither gibt es in der Urania

jährlich knapp 700 Veranstaltungen, in der Regel Vorträge, Lesungen und Diskussionen von bekannten Wissenschaftlern und Künstlern, aber auch Politikern.
Für ganz Berlin überregionale Bedeutung hat das Landesarchiv Berlin, das 1948 gegründet wurde; seit 1976 ist es gegenüber der Urania in der Kalckreuthstraße ansässig. Das Landesarchiv ist ein zentrales Staatsarchiv des Landes Berlin und untersteht der Senatsverwaltung für Kulturelle Angelegenheiten. Neben einer Bibliothek mit mehr als 60.000 Bänden zählen mittelalterliche Urkunden, rund 2.000 Karten und Pläne, 25.000 Fotos und mehr als 3.000 Plakate und Flugblätter zu den Schätzen des Archivs, das 1991 das in Ost-Berlin befindliche Stadtarchiv eingliederte. Ferner finden sich dort Zeitungen, unzählige Bau-, Polizei- und Gerichtsakten. Die Nutzung steht jedermann offen und ist kostenfrei.
Auch etliche Galerien hat Schöneberg zu bieten. Es gehört wohl zum Schicksal solcher Einrichtungen, daß besonders die kleinen häufig ebenso schnell verschwinden, wie sie eröffnet wurden. Anfang 1998 bestanden besipielsweise die „Aufzeit" in der Habsburger Straße und die Bildhauergalerie Messer-Ludwig in der Nollendorfstraße. Auch das Frauencafé Begine bietet Künstlerinnen Ausstellungsmöglichkeiten.
Wer heute durch Schöneberger Straßen streift, kann noch viel Geschichte atmen, nicht nur in den zahlreichen Antiquitätenläden rund um die Motzstraße, Goltzstraße und Eisenacher Straße. Seine künftige Rolle muß der Bezirk, der mit Tempelhof zusammengelegt werden soll, noch finden – vielleicht liegt sie im Bereich der Dienstleistung, mit vielen modernen Bürogebäuden und einem stattlichen Fernbahnhof am Sachsendamm. Aber gerade die Mischung von Kiez und Kommerz, Mietskasernen und Musterhäusern, die Vielfalt kulturellen und gesellschaftlichen Lebens machen das Leben in Schöneberg spannend und interessant.

Anhang

Anmerkungen

1 *Schönknecht, Eberhard: Vom Dorfkrug zum Prälaten. Hrsg.: Bezirksamt Schöneberg. Berlin 1987, S. 14 f.*

2 *Schönknecht, Eberhard, Vom Dorfkrug..., a.a.O., S. 15.*

3 *Auszug aus dem Reisebericht des Königlichen Oberkonsistorialrats und „Erdbeschreibers" Anton Friedrich Büsching von 1780. Zitiert nach Zwaka, Petra: Schöneberg auf dem Weg nach Berlin. Hrsg.: Bezirksamt Schöneberg. Berlin 1987, S. 16.*

4 *Hegemann, Werner: Das steinerne Berlin. Geschichte der größten Mietskasernenstadt der Welt. Ullstein Bauwelt Fundamente 3. Geringfügig gekürzte Originalfassung von 1930. Braunschweig 1988, S. 251.*

5 *Hobrecht, James: Über die öffentliche Gesundheitspflege. Stettin 1868. Zitiert nach Hegemann: Das steinerne Berlin ..., a.a.O., S. 232.*

6 *Hermann, Georg: Kubinke. Berlin 1910, S. 8f.*

7 *Knef, Hildegard: Der geschenkte Gaul. Bericht aus einem Leben. Gütersloh Ö.J., S. 9f.*

8 *Kerr, Alfred: Wo liegt Berlin? Briefe aus der Reichshauptstadt. Berlin 1997, S. 609f.*

9 *Schönknecht, a.a.O., S. 75ff.*

10 *von Bunsen, Marie: Die Welt, in der ich lebte. Leipzig 1929, S. 32ff. Zitiert nach Zwaka, Petra: Schöneberg..., a.a.O., S. 80f.*

11 *Ebling, Hermann: Friedenau. Aus dem Leben einer Landgemeinde 1871 - 1924. Berlin 1986, S. 103.*

12 *Ebling, Hermann: Friedenau. Aus dem Leben..., a.a.O., S. 86.*

13 *Kerr, Alfred: Wo liegt Berlin? Briefe..., a.a.O., S. 130f.*

14 *Bauakten Hauptstraße, im Landesarchiv Berlin.*

15 *Kaiser, Georg: Von Morgens bis Mitternacht. Berlin 1916. Zitiert nach Lange, Annemarie: Das wilhelminische Berlin. Berlin 1984, S. 562.*

16 *Kerr, Alfred, a.a.O., S. 604f.*

17 *Autorenkollektiv: Die Rote Insel. Berlin-Schöneberg. Bruchstücke zur Stadtgeschichte. Hrsg.: Berliner Geschichtswerkstatt. Berlin 1987, S. 100.*

18 *Klinger, Ruth: Die Frau im Kaftan. Lebensbericht einer Schauspielerin. Gerlingen 1992, S. 92f.*

19 *Autorenkollektiv: „Das war 'ne geschlossene Gesellschaft hier". Der Lindenhof. Berlin 1987, S. 151.*

20 *Autorenkollektiv: Orte des Erinnerns. Band 2: Jüdisches Alltagsleben im Bayerischen Viertel. Eine Dokumentation. Hrsg.: Kunstamt Schöneberg, Schöneberg Museum in Zusammenarbeit mit der Gedenkstätte aus der Wannseekonferenz. Berlin 1995, S. 34.*

21 *Autorenkollektiv: Orte des Erinnerns. Band 2: Jüdisches Alltagsleben..., a.a.O., S. 33.*

22 *Ebenda, S. 19.*

23 *Ebenda, S. 55.*

24 *Autorenkollektiv: Weiterleben nach dem Krieg: Schöneberg/Friedenau 1945 - 46. Hrsg.: Bezirksamt Schöneberg. Berlin 1992, S. 14.*

25 *Autorenkollektiv: Weiterleben nach dem Krieg..., a.a.O., S. 42.*

26 *Knef, Hildegard: Der geschenkte Gaul. A.a.O., S. 205.*

Quellenverzeichnis

Arnold, Dietmar und Ingmar; Salm, Frieder: Dunkle Welten. Bunker, Tunnel und Gewölbe unter Berlin. Berlin 1997.

Autorenkollektiv: Ländliches und städtisches Grün. Wege durch das heutige Schöneberg. Ein Katalog zur Ausstellungsreihe „Schöneberg auf dem Weg nach Berlin". Hrsg.: Bezirksamt Schöneberg von Berlin. Berlin 1985.

Autorenkollektiv: „Das war 'ne geschlossene Gesellschaft hier". Der Lindenhof: Eine Genossenschafts-Siedlung in der Großstadt. Hrsg.: Berliner Geschichtswerkstatt. Berlin 1987.

Autorenkollektiv: Die Rote Insel. Berlin-Schöneberg. Bruchstücke zur Stadtgeschichte. Hrsg.: Berliner Geschichtswerkstatt. Berlin 1987.

Autorenkollektiv: Handel und Gewerbe. Schöneberg auf dem Weg nach Berlin. Hrsg.: Bezirksamt Schöneberg von Berlin. Berlin 1987.

Autorenkollektiv: Geschichte Berlins. Zweiter Band. Hrsg.: Wolfgang Ribbe. München 1987.

Autorenkollektiv: „Ich bin meine eigene Frauenbewegung". Frauen-Ansichten aus der Geschichte einer Großstadt. Hrsg.: Bezirksamt Schöneberg/Kunstamt. Berlin 1991.

Autorenkollektiv: Weiterleben nach dem Krieg: Schöneberg/Friedenau 1945-46. Hrsg.: Bezirksamt Schöneberg von Berlin. Berlin 1992.

Autorenkollektiv: Orte des Erinnerns. Band 1: Das Denkmal im Bayerischen Viertel. Eine Dokumentation. Hrsg.: Kunstamt Schöneberg, Schöneberg Museum in Zusammenarbeit mit der Gedenkstätte Haus der Wannseekonferenz. Berlin 1994.

Autorenkollektiv: Orte des Erinnerns. Band 2: Jüdisches Alltagsleben im Bayerischen Viertel. Eine Dokumentation. Hrsg.: Kunstamt Schöneberg, Schöneberg Museum in Zusammenarbeit mit der Gedenkstätte Haus der Wannseekonferenz. Berlin 1995.

Autorenkollektiv: Das Rathaus Schöneberg in Berlin. Berlin 1988.

Baedekers Berlin-Schöneberg. Freiburg 1980.

Berliner Biographisches Lexikon. Hrsg.: Rollka, Spiess und Thieme. Berlin 1993.

Böse, Margot: Aspekte zur Stadtgeomorphologie von Berlin (West). In: Berlin. Beiträge zu Geographie eines Großstadtraumes. Festschrift zum 45. Deutschen Geographentag in Berlin vom 30.9.1985 bis 2.10.1985. Berlin 1985.

Bürkner, Alfred: Friedenau. Straßen, Häuser, Menschen. Berlin 1996.

Dittmann, Wilhelm u.a.: Berlin. 750 Jahre Kirchen und Klöster. HB Bildatlas, Sonderausgabe. Hamburg 1987.

Ebling, Hermann: Friedenau. Aus dem Leben einer Landgemeinde. 1871 – 1924. Berlin 1986.

Eggert, Stefan: Spaziergänge in Schöneberg. Berlin 1997.

Escher, Felix: Berlin und sein Umland. Zur Genese der Berliner Stadtlandschaft bis zum Beginn des 20. Jahrhunderts. Berlin 1985.

Feige, Wilhelm: Rings um die Dorfaue. Ein Eintrag zur Geschichte Schönebergs. Berlin 1937.

Fichtner, Volkmar: Die anthropogen bedingte Umwandlung des Reliefs durch Trümmeraufschüttungen in Berlin (West) seit 1945. Berlin 1977.

Frank, Ute: Terrainerschließung und U-Bahn-Bau. Die Haberland'schen Unternehmungen in Schöneberg und Wilmersdorf. In: Exerzierfeld der Moderne. Industriekultur in Berlin im 19. Jahrhundert. Hrsg.: Jochen Boberg, Tilman Fichter u. Eckart Gillen. München 1984.

Freydank, Ruth: Theater in Berlin. Von den Anfängen bis 1945. Berlin 1988.

Galius, Manfred: Die andere Seite des „Kirchenkampfes". Nazifizierte Kirchengemeinden und „braune" Pfarrer in Berlin. In: Jahrbuch des Landearchivs Berlin 1995.

Geist, Johann Friedrich u. Klaus Kürvers: Das Berliner Mietshaus 1862 – 1945. Bd.2. München 1984.

Gerlach, Friedrich: Die Elektrische Untergrundbahn der Stadt Schöneberg. Berlin o. J.
Goodbye to Berlin. 100 Jahre Schwulenbewegung. Eine Ausstellung des Schwulen Museums und der Akademie der Künste. Berlin 1997.
Heimatverein Schöneberg, Archivalien.
Hein, Marcus und Kurzweil, Linda: Der Ü-Berliner. Berlin 1996
Heinrich, Gerd (Hrsg.): Handbuch der historischen Stätten Deutschlands. Zehnter Band. Berlin und Brandenburg. Stuttgart 1973.
Historische Bauwerke der Berliner Industrie. Beiträge zur Denkmalpflege in Berlin. Heft 1, Berlin 1988.
Hofmeister, Burkhard: Berlin (West). Eine geographische Strukturanalyse der zwölf westlichen Bezirke. Wissenschaftliche Länderkunden Bd. 8. Bundesrepublik Deutschland und Berlin (West). Darmstadt 1990.
Holmsten, Georg: Die Berlin-Chronik. Düsseldorf 1984.
Jansen, Wolfgang und Pütz, Karl H.: Und abends in die Scala. Berlin 1991.
Katzur, Klaus: Berlins Straßennamen. Berlin 1982.
Kerr, Alfred: Wo liegt Berlin? Briefe aus der Reichshauptstadt. Berlin 1997.
Kleist, Heinrich von: Vollständige Ausgabe der Berliner Abendblätter. Vom 1sten October 1810 bis zum 30sten März 1811. Reprographischer Nachdruck.
Knef, Hildegard: Der geschenkte Gaul. Bericht aus einem Leben. Lizenzausgabe Bertelsmann. Gütersloh o.J.
Kühne, Günther und Stephani, Elisabeth: Evangelische Kirchen in Berlin. Berlin 1986.
Kuhn, Waldemar: Kleinsiedlungen aus Friderizianischer Zeit. Stuttgart 1918.
Landesarchiv Berlin, Archivalien.
Lange, Annemarie: Berlin zur Zeit Bebels und Bismarcks. Berlin 1984.
ds.: Das Wilhelminische Berlin. Berlin 1984.
Mayer, Herbert: Wegweiser zu Berlins Straßennamen. Schöneberg. Berlin 1994.
Meyer-Kronthaler, Jürgen: Berlins U-Bahnhöfe. Die ersten hundert Jahre. Berlin 1995.
Müller, Adriaan von: Berlins Urgeschichte. Berlin 1977.
Pomplun, Kurt: Berlins alte Dorfkirchen. Berlin 1976.
Rollka, Bodo und Spiess, Volker (Hrsg.): Berliner Laubenpieper. Kleingärten in der Großstadt. Berlin 1987.
Sandvoß, Hans-Rainer: Stätten des Widerstandes in Berlin 1933 – 1945. Hrsg.: Gedenkstätte Deutscher Widerstand. Berlin o. J.
Schneider, Richard: Spazierwege zu Industrie und Technik. Schöneberg I (13) und II (14). Informationsblätter des Presse- und Informationsdienstes des Landes Berlin. Berlin 1987.
Schönknecht, Eberhard: Vom Dorfkrug zum Prälaten. Hrsg.: Bezirksamt Schöneberg. Berlin 1987.
Schulze-Besse: Aus der Geschichte des Berliner Brauwesens und seiner Braumeister. Berlin 1927.
Siewert, Horst Henning: Die Bedeutung der Stadtbahn für die Berliner Stadtentwicklung im 19. Jahrhundert. Diss. TU Berlin 1978.
Simon, Christian: Ausländische Einrichtungen in Berlin – Standorte, Funktion und innerstädtische Verflechtungen. Berlin 1991.
Simon, Christian: Kurze Geschichte des RIAS. In: Blätter zur Berliner Geschichte, Heft 10, 1/1994, S. 6 – 9.
Tietenberg, Annette: Die Wohnsiedlung Grazer Damm auf dem Schöneberger Südgelände. In: Jahrbuch des Landesarchivs Berlin 1994.
Vierg utz, Volker: Schöneberg. Geschichte der Berliner Verwaltungsbezirke. Band 5. Hrsg. v. Wolfgang Ribbe. Berlin 1988.
Voß, Karl: Reiseführer für Literaturfreunde. Berlin. Vom Alex bis zum Kudamm. Berlin 1980.

Welz, Wilfried: Rathaus Schöneberg. Ein Rathaus in und für Berlin. Berlin 1989.
Wille, Klaus-Dieter: Spaziergänge in Schöneberg. Berlin 1981.
Winz, Helmut: Es war in Schöneberg. Aus 700 Jahren Schöneberger Geschichte. Berlin 1964.
Woll, Stefan: Berliner Wassertürme. Berlin 1986.
Wollschlaeger, Günter: Chronik Friedenau. Berlin 1986.
Wolters, Rudolf: Stadtmitte Berlin. Tübingen 1978.
Zepernick, Bernhard und Karlsson, Else-Marie: Berlins Botanischer Garten. Berlin 1979.
Zwaka, Petra: Schöneberg auf dem Weg nach Berlin. Hrsg.: Bezirksamt Schöneberg. Berlin 1987.

Zurückgegriffen wurde außerdem auf Artikel aus: Der Tagesspiegel, Berliner Morgenpost, Steglitzer Lokal-Anzeiger, Volksblatt Berlin sowie auf folgende Karten: Geologische Karten von Berlin, 1:10.000; Blätter 413, 414; Hrsg.: Der Senator für Bau- und Wohnungswesen 1964, 1967; Baugrundkarte von Berlin, 1:10.000; Blatt 413; Hrsg.: Der Senator für Bau- und Wohnungswesen 1957.

Bildquellenverzeichnis

Bildarchiv Preußischer Kulturbesitz: S. 97
Uwe Friedrich: S. 23, 85, 128, 131
Arthur Jürgens: S. 90
Landesbildstelle Berlin: S. 12, 26, 44, 45, 46, 48, 56, 58, 61, 64, 68, 73, 79, 86, 91, 98, 100, 104, 110, 111, 120, 124, 126, Titel (2), Umschlagrückseite (1)
Uwe Latza: S. 47, 53, 54, 83, 84, 94, 102
Thaddäus Robl: S. 67
Sammlung Gensicke: S. 35
Schöneberg Museum/Schöneberg Archiv: S.14, 15, 16, 19, 28, 31, 32, 36, 39, 43, 49, 51, 70, 74, 75, 76, 80, 82, 89, 107, 113, 114, 117, Umschlagrückseite (4)
Verlagsarchiv/Archiv des Autors: S. 10, 21, 25, 27, 40, 59, 63, 87, 100 (oben), 100 (unten) 106, 118, 121, 122